무라카미 하루키
이렇게 읽어라

Original Japanese title: YOMENAIHITONO TAMENO
MURAKAMI HARUKI NYUMON
by Nihei Chikako
Copyright © 2025 Nihei Chikako
Original Japanese edition published by NHK Publishing, Inc.
Korean translation rights arranged with NHK Publishing, Inc.
through The English Agency (Japan) Ltd. and Danny Hong Agency

이 책의 한국어판 저작권은 대니홍 에이전시를 통한 저작권사와의
독점 계약으로 알파미디어에 있습니다.
저작권법에 의해 한국 내에서 보호를 받는 저작물이므로 무단전재와 복제를 금합니다.

무라카미 하루키
이렇게 읽어라

니헤이 지카코(仁平千香子) 지음 | **송태욱** 옮김

알파미디어

고통받고 괴로워하는 사람에게 다가가
인생과 마주할 수 있도록 도와주는 문학

『무라카미 하루키, 이렇게 읽어라』이라는 책에 관심을 가져주셔서 감사합니다. 이 책은 두 종류의 '읽기 어려운 사람'들을 위해 집필한 것입니다.

하나는 유명한 무라카미 하루키의 작품이 궁금하지만 일상생활에 바빠서 읽기 시작하지 못하는 분들, 또 하나는 이미 무라카미 하루키 작품의 독자이긴 하지만 끝까지 읽지 못했거나, 무라카미 하루키가 그리는 세계에 익숙해지지 못했거나, 그가 그리는 작품의 장점을 잘 알지 못해 고개를 갸웃거리는 분들입니다. 덧붙이자면 대부분의 하루키 작품을 읽기는 했지만 아직 충분히 이해하지 못했고 제대로 소화하지 못했다고 느끼는 분들도 이 책의 독자가 될 수 있습니다.

*

　무라카미 하루키는 현대 일본 작가 중 압도적인 인기를 자랑하는 존재입니다. 『노르웨이의 숲』(1987)은 일본에서 누적 1,300만 부가 발행되었으며, 대부분의 장편도 밀리언셀러가 되었습니다. 어느 잡지의 무라카미 하루키 특집호에 따르면, 일본에서 발행된 그의 작품만 모두 쌓아 올리면 높이가 1,780킬로미터에 이르러 국제우주정거장을 넘어간다고 합니다(〈BRUTUS〉 2021년 11월호).

　일본에서도 충분히 지명도가 높은 작가이지만 현재는 오히려 해외에서 인기가 놀라울 정도로 많아졌습니다. 자세한 내용은 본론에 넘기겠지만 하루키 작품은 영어권뿐만 아니라 아시아, 유럽에서도 베스트셀러가 되었습니다. 무라카미 하루키 이상으로 세계 문학이라는 이름에 걸맞은 작품을 쓰는 일본 작가는 현존하지 않습니다. 그러나 이처럼 해외에서 읽히고, 또 문학적으로도 평가받고 있다는 사실은 일본 사람들에게 그다지 알려져 있지 않습니다.

　영어로 쓰인 무라카미 하루키 연구 논문은 헤아릴 수 없이 많고, 하루키 연구자 및 번역자가 모이는 학회가 전 세계에서 개최되고 있습니다. 일본어와 일본 문화에 관한 강의를 제공하는 대학은 해외에도 다수 있으며, 학생들에게 일본을 배우고자 하는 동기를 부여하는 것은 대부분 '미야자키 하야오'나 '무라카미 하루키'입니다. 지브리 애니메이션이나 무라카미 하루키 중 하나, 혹은 둘 모두에 강한 관심을 가지고 일본에 흥미를 가집니다.

이런 일본인 작가가 존재한다는 사실은 '대단한 일'입니다. 아무리 겸손하고 자랑하지 않는 것이 일본인의 습관이라 하더라도, 이 '대단한 일'과 마주하고 그 의미를 자기 나름대로 생각해보는 것은 가치 있는 일이 아닐까요.

*

하루키 작품은 확실히 순조롭게 이해되지 않는 부분이 있습니다. 주인공이 엘리베이터에서 갑자기 다른 차원의 세계로 보내지거나, 말라버린 우물의 바닥으로 내려가 틀어박히거나, 거대한 개구리가 등장해 말하기도 합니다. 놀라운 스토리 전개와 의미심장한 비유의 빈번한 등장에 따라가지 못한다고 느껴, 통독을 단념한 독자도 있을 것입니다. 하지만 주의 깊게 읽어가다 보면 보이기 시작하는 것은, 무라카미 하루키가 데뷔 이래 일관되게 같은 테마를 다루고 있다는 사실입니다.

그것은 바로 '자유롭게 사는 것'입니다. 자유를 테마로 한 문학이라고 하면 다소 평범하게 들릴지도 모르겠습니다. 하지만 무라카미 하루키는 '권력에 저항하라', '도망쳐서 자유를 얻어라'라고 독자를 선동하는 것도 아니고, '자유롭게 살아야 한다'라고 설교하는 것도 아닙니다. 오히려 세상에서 소수에 속하는 유형의 인간을 주인공으로 하여 자유롭게 살아가는 것의 어려움을 그리고 있습니다.

물론 그렇다고 해서 무라카미 하루키는 인간에게 자유 따위는 없다고 체념하는 태도와 무관합니다. 세상을 냉소적으로 바라보는 하루키 작품의 등장인물을 떠올리는 분도 있을지 모르겠지만, 거기에서 자유 추구를 단념하지는 않습니다. 하루키는 다양한 인간의 다양한 측면을 묘사함으로써 그들이 무엇 때문에 부자유한지, 그리고 무엇을 깨달으면 그 부자유를 극복할 수 있는지 독자 스스로가 생각할 수 있도록 조망하는 관점을 제공합니다. 이러한 관점에서 하루키 작품의 핵심과 읽는 방법의 요령을 전하는 것이 이 책의 목적입니다.

*

자유에 대한 이해가 중요한 이유는, 일본에 사는 대부분이 자신의 자유를 의심하지 않기 때문입니다. 그것은 어찌 보면 당연한 일로 세계를 둘러보면 확실히 일본은 혜택받은 나라입니다. 독재 정권도 아니고, 발달한 과학 기술 덕분에 편리하며, 의식주 등 물질적인 면에서도 풍요롭고, 원한다면 다양한 교육도 받을 수 있습니다. 이러한 환경에서 나는 부자유를 당하고 있을지도 모른다 하고 멈춰 서서 생각해볼 기회가 좀처럼 찾아오지 않을 것입니다. 분주한 일상 속에서 세월은 흘러갑니다.

그러나 늘그막에 문득 생각할지도 모릅니다. "인생을 좀 더 즐겨도 좋지 않았을까?", "좀 더 모험을 해도 괜찮았던 게 아닐까?" 하고요. 그러고 보면 충분히 즐기지 못했다, 좀 더 모험해보고 싶었다 하고 느낀다면, 그것은 자신의 사고를 방해하는 무언가가 존재했기 때문일지도 모릅니다. 그리고 사람은 생각하게 됩니다. "왜 좀 더 일찍 깨닫지 못했을까"라고요. 모르는 것을 모른 채로 있거나, 또는 알려고 하지 않은 채 있으면 인생에 불필요한 고난을 끌어들이게 될 수도 있습니다. 하루키 문학은 우리가 자유롭게 살아갈 수 있을 텐데도 그렇게 하지 않고 있다는 사실을 다양한 관점에서 깨닫게 해줍니다.

*

저는 도쿄여자대학 영문학과를 졸업한 뒤 문학 공부를 계속하기 위해 오스트레일리아 대학원에 유학했습니다. 그곳 연구 생활에서 제가 요구받았던 것은, '과학적 근거'에서 사고를 시작하는 습관을 철저히 들이는 것이었습니다.

과학적 근거는 '객관적 사실'이라고도 바꿔 말할 수 있습니다. 그리고 '논리적 정합성' 역시 그러합니다. 이러한 것들을 근본적인 원리로 삼아 논문을 작성하지 않는 한 아무리 독창적인 아이디어라 하더라도 심사에서는 '비학문적'이라는 평가를 받아 배제되어 버립니다. 저 또한 그 규칙에 따라 학문적인 연구로서 무라카미 하루키에 대해 쓰고 싶었던 내용을 마음껏 박사 논문에 담았고, 학위를 받은 후 일본에 돌아왔습니다. 논문에서 주장했던 내용은, 예를 들어 이 책 제4장 등에 어느 정도 반영되어 있습니다.

무라카미 하루키 연구를 통해 어느 정도의 성취감을 얻은 한편 저는 문학의 '중요한 부분'에 다가가려면 다른 방식이 필요하지 않을까 하고 어렴풋이 느끼고 있었습니다. 이러한 '연구' 스타일로는 포착할 수 없는 문학의 '진실'이 있는 것 같은 느낌이 들었던 것입니다. 일반적으로 말해 연구는 과학적 근거를 절대시하여 더 많은 데이터를 모으고, 통계를 내고, 그로부터 드러나는 경향을 진실로 간주합니다. 그 방법이 아니면 도달할 수 없는 진실도 있을 것입니다. 하지만 그 방법으로는 도달할 수 없는 진실도 있습니다.

애초에 문학 연구의 길로 들어선 계기는, 문학이 보여주는 세계 속에서 '현실적인 답'을 발견했다고 느꼈기 때문입니다. '나는 누구인가', '인생이란 무엇인가', '사람은 왜 괴로워하는가'라는, 사춘기 이래 질문에 대한 답이 100년 이상 전에 쓰인 문학, 멀리 떨어진 나라에서 쓰인 문학 속에 있다는 것을 깨달았기 때문입니다.

일본에서 학창 시절에는 여름방학 추천 작가인 나쓰메 소세키, 아쿠타가와 류노스케, 다자이 오사무부터, 어니스트 헤밍웨이, 스콧 피츠제럴드, 제롬 데이비드 샐린저, 트루먼 카포티까지 게걸스럽게 읽었습니다. 그 과정에서 무라카미 하루키와도 만났습니다.

문학의 등장인물 대부분은 시대도 사회도 성별도 문화도 언어도 신분도, 독자인 자신과는 다릅니다. 그럼에도 그들에게 공감할 때, 자신이나 인생에 대한 의문이 해소되는 체험을 반복해왔습니다. 타인의 목소리에 가만히 귀를 기울임으로써 타인이 자신의 거울상처럼 모습을 드러내고, 그것을 응시함으로써 자기이해가 깊어집니다.

자기이해가 깊어지면 고뇌가 경감된다는 것을 알았습니다. 과학적인 연구는 개별적인 목소리에 귀를 기울이는 데 반드시 관심을 두는 것은 아니지만, 문학은 고통받고 괴로워하는 사람들에게 다가가 인생과 마주할 수 있도록 등을 밀어주는 작용을 합니다.

저는 연구로서 문학을 읽음으로써, 그러한 문학의 '진실'에서 멀어지게 되는 것이 아닐까, '그렇다면 애초에 문학에 연구란 정말 필요한 것일까?' 하는 생각마저 하게 되었습니다.

무라카미 하루키는 여러 나라 대학에서 연구되는 세계적인 베스트셀러 작가이기 때문에 관련 서적도 많이 출간되어 있습니다. 무라카미 하루키라는 인물의 반생을 상세히 소개한 책이나 하루키 작품의 표현 기법을 객관적으로 논한 책 등 다양한 각도에서 하루키와 그의 문학에 관한 책들이 집필되어왔습니다.

한편, '고통받고 괴로워하는 사람들에게 다가가 인생과 마주할 수 있도록 도와주는 문학'으로서의 하루키 문학의 성격이 얼마나 탐구되어왔는지를 보면, 아직 충분하지 않습니다. 이 책은 이러한 관점에서 무라카미 하루키와 그의 문학을 재조명한 것입니다.

*

문학은 특정 인물을 면밀히 관찰하고 그 목소리를 자세히 이야기합니다. 그 수법이 아니면 전할 수 없는 진실이 있기 때문입니다. 무라카미 하루키도 개별 인간의 목소리에 차분히 귀를 기울입니다. 그 태도는, 그가 옴진리교에 대해 조사했을 때 드러났습니다.

무라카미 하루키는 1995년의 지하철 사린 사건을 계기로 일련의 옴진리교 사건에 강한 관심을 갖습니다. 재판을 방청하고 사린 사건의 피해자 예순두 명과 사건 당시 교단에 속해 있던 전 신자 여덟 명에게 인터뷰를 진행하여 『언더그라운드』(1997)와 『약속된 장소에서』(1998)라는 작품에 담았습니다. 하루키가 사린 사건 피해자와 인터뷰하기로 결정한 것은, 교단의 수장 아사하라 쇼코나 실행범들에 관한 홍수와 같은 보도 가운데, '피해자'들이 하나로 묶여 개별적인 목소리가 포착되지 않고 있다는 사실을 깨달았기 때문이었습니다. 하루키는 그 이유를 이렇게 말합니다.

> 거기에 있는 생생한 인간을 '얼굴 없는 많은 피해자 중 한 사람one of them'으로 끝내고 싶지 않았기 때문이다.
> 『언더그라운드』, 27~28쪽

그리고 하루키는 사건 당일 그들의 체험담만을 기록하려 한 것이 아니었습니다. 취재할 때는 그들에 대해 먼저 그 개별적인 배경부터 알고자 했다고 말합니다.

저는 물론 사건에 흥미가 있었기에 이 취재를 시작한 것입니다. 하지만 진정으로 관심이 있었던 것은 인간이었습니다. (중략) 어디서 태어났고, 어떤 가정에서 자랐고, 어떤 아이였고, 학교에서는 무엇을 했고, 언제 결혼했고, 아이는 몇 명 있고, 취미는 무엇이고, 어떤 회사에 다니고…… 그런 것들을 끝없이 이야기했습니다.

『약속된 장소에서』, 271쪽

뉴스는 실행범들이 얼마나 끔찍한 인간들이고, 이 사건이 얼마나 잔혹한 것인가를 보도하기 시작하며 거기에 필요한 정보를 수집하게 됩니다. 하지만 하루키가 관심을 가진 것은 개별 인간이 들려주는 이야기였습니다. 거기에 중요한 것이 담겨 있다고 믿었기 때문입니다. 그것을 들은 결과, 하루키는 상대방을 좋아하게 되었다고 말합니다.

제가 이 일에서 얻은 가장 소중한 경험은, 이야기를 듣고 있는 상대방을 순순히 좋아하게 될 수 있었다는 것이 아니었나 싶습니다.

『약속된 장소에서』, 278쪽

이것은 소설을 읽는 경험과 유사합니다. 독자는 소설을 읽으며, 자신과 아무 관계도 없는 등장인물에 감정이입을 하거나 공감을 합니다. 그리고 많은 경우 독자는 주인공을 좋아하게 되고, 그들에게 다가가고 싶어지며 그들의 인생을 응원하고 싶어지기도 합니다.

하지만 보도 속에서 '많은 피해자 중 한 사람(one of them)'으로서 다뤄지는 사람들에게 시청자가 공감을 하는 일은 거의 없습니다. '그 사람도 자신과 마찬가지로 고민하거나 누군가를 사랑하는 생생한 인간이다'라는 당연한 사실을 잊고, 자신과 무관한 누군가로 바라보는 데 그치고 맙니다. '내 일'로서 진지하게 마주하고자 하는 의욕은 솟아나지 않는 것이지요. 하루키는 그들의 이야기를 차분히 들음으로써 팩트(사실)보다는 '진실'을 알고 싶었다고 말합니다.

저는 이 책을 쓰는 도중부터 사실 그 자체를 밝혀내는 데는 별로 흥미를 느끼지 않게 되었습니다. 그보다 그 사람들의 입장에서 사물을 보고 생각하는 쪽으로 흥미가 옮겨갔습니다.

『약속된 장소에서』, 280쪽

어디까지나 단서가 붙긴 하지만 저는 팩트보다는 진실을 택하고 싶습니다. 세계라는 것은 각자의 눈에 비친 것을 의미하는 게 아닐까요. 그런 것을 많이 모아서 종합해 나감으로써 보이게 되는 사실도 있는 게 아닐까 하고요.

『약속된 장소에서』, 282쪽

객관적인 사실보다는 '각자의 눈에 비친 것'이라는 '진실'에 가치를 둡니다. 이것이 무라카미 하루키라는 소설가의 태도입니다. 이 태도가 스며든 그의 작품에 바로 온 세상의 독자가 매력을 느낀다고 보는 것이 이 책의 기본적인 입장입니다.

*

하루키는 '각자의 눈에 비친 것', 그리고 개별적인 서사가 지닌 힘을 믿습니다. 여기에 하루키가 생각하는 '자유'와의 관련성이 있습니다. 본론에서 다양한 각도로 살펴볼 예정이지만 핵심을 미리 말하자면 사람은 자기만의 고유한 이야기에 가치가 있다고 믿을 때 그것을 자신의 '힘'으로 삼습니다. 그 힘은 자유롭게 살아갈 때 없어서는 안 되는 것입니다.

이것과 대조적인 것이 자유를 자기 밖에서 구하려는 태도입니다. 하루키의 인터뷰에 따르면 옴진리교 신자들은 자유를 얻으려 하면서도 절대적인 교주에게 귀의하는 길을 선택했습니다. 절대적인 존재로의 귀의는 자유의 포기와 다름없습니다. 그리하여 그들은 주체성을 빼앗기고 반사회적 가치관을 믿는 세계로 인도됩니다.

현대를 살아가는 우리는 이를 과거의 이야기로 넘길 수 없습니다.

옴진리교 사건 당시 '정보화 사회'라 불리던 세상은, 이후 인터넷과 SNS(소셜 네트워크 서비스)의 보급으로 인해 이제는 '정보 과잉 사회'라 부를 만한 상태로 이행했습니다.

이야기는 얼마든지 외부로부터 주어질 수 있습니다. 내적 이야기를 믿는다는 시간과 노력을 요하는 것은 이제 더 이상 쉬운 일이 아니게 된 것입니다.

*

본론에서는 무라카미 하루키의 주요 작품을 다루고, 또 에세이나 인터뷰에서 폭넓게 단서를 모아 하루키 문학을 자유라는 테마로 다시 읽어갈 것입니다.

1979년에 데뷔한 이래, 무라카미 하루키가 계속해서 발신해온 사상에는 현대를 살아가는 우리라면 누구나 공감할 만한 것이 있으며, 그것을 알게 되면 하루키 문학이 세계적으로 인기를 얻고 있는 이유에 대해서도 납득하고 싶어질 것입니다. 핵심은 바로 '자유롭게 살아가는 것'이라는 가치입니다.

지금까지 하루키 작품을 '읽지 못했던' 분들, 그리고 '끝까지 읽지 못했'거나 '제대로 소화하지 못했던' 분들은 부디 이 책을 펼쳐보시기

바랍니다. 무라카미 하루키라는 거대한 존재를 둘러싼 안개가 걷히는 듯한 느낌을 분명히 얻을 수 있을 것입니다.

|머리말| 고통받고 괴로워하는 사람에게 다가가 인생과
마주할 수 있도록 도와주는 문학 • 4

제1장 | 무라카미 하루키가 읽히는 방식
 — 비평적 독해와 세계적 공감

 1. 세계적 베스트셀러 작가 무라카미 하루키 • 27
  일본인이 모르는 세계적 현상
  일본에서의 하루키 문학에 대한 무관심

 2. 인기의 이유는 '공감' • 35
  '게이샤'도 '사무라이'도 아닌 '하루키'
  불안정한 사회 속에서 붐이 되다
  "글로벌할 필요는 없어"

 3. 자유를 추구하며 읽는 세계의 사람들 • 45
  자유를 추구하는 하루키
  선택하는 것인가, 선택당하는 것인가
  하루키 문학과 자유에 대한 갈망

제2장 | 무라카미 하루키가 생각하는 '자유'란
— 지하철 사린 사건과 '단순한 이야기'

1. 일본에서 자유롭게 살아간다는 것이란 • 54
   '개인으로 있고자 하는 것의 힘듦'
   '생각하지 않는 자유'를 선택한 젊은이들
   "괴롭지 않을 리가 없잖아"

2. 자유를 빼앗는 '나쁜 이야기'와 자유를 주는 '좋은 이야기' • 66
   '달걀'에서 보이는 세계를 그리다
   '나쁜 이야기'와 '좋은 이야기'
   단순한 이원론의 숭배
   곧바로 결론을 내리지 않는 것
   사춘기에 소설을 읽지 않았다
   『태엽 감는 새 연대기』의 와타야 노보루
   와타야에 대한 묘사는 왜 단면적인가

3. 기호화라는 폭력 — 『애프터 다크』 • 95
   중국인 창부인가, 중화요리인가
   깊은 감정을 가져서는 안 되는 도시
   기호화를 거부한 언니 에리
   인간의 이름과 얼굴을 빼앗는 거대한 문어

제3장 | '다리를 태운' 작가
—세 가지 습관과 '의식 다듬기'

1. 직관을 따르는 용기 • 111
   소설을 쓰기 위해 '다리를 태웠다'
   "어쨌든 자신이 하고 싶은 일을, 하고 싶은 방식대로 하자"
   "걱정하는 데 너무 많은 시간을 썼다"

2. 정보라는 '짐'을 내려놓다 • 120
   "그걸 하고 있을 때, 당신은 즐거운 기분이 드나요?"
   '올바름'에서 '즐거움'으로

3. 집중력을 어떻게 높일 것인가 • 125
   생산성의 기반이 되는 건강과 집중력
   '효과적으로 자신을 연소해간다'

제4장 | 『노르웨이의 숲』과 『1Q84』
— 베스트셀러의 '수수께끼'를 풀다

1. 자기부정이 자유를 빼앗는다 — 『노르웨이의 숲』 • 132

돌아오지 않는 화자
　　의도적으로 다시 말하는 와타나베
　　왜 "나는 지금 어디에 있는 거지?"라고 묻는가

2. 선악 이원론이 자유를 빼앗는다 —『1Q84』• 150
　　조직의 존속을 목적으로 하는 '리틀 피플'
　　'절대적인 선도 절대적인 악도 없다'
　　상대의 '악'에 의존한 자기긍정

제5장 | 양날의 검으로서의 '상상력'
　　　　—「개구리 군, 도쿄를 구하다」·「드라이브 마이 카」·『해변의 카프카』

1. 부자유를 일으키는 '울림과 떨림' —「개구리 군, 도쿄를 구하다」• 165
　　정말 무서운 것은 상상력이 결여된 인간
　　지진이라는 '대청소'
　　"당신의 용기와 정의가 필요"
　　문제의 근본은 사람들의 상상력
　　'주는 사랑'을 실행하다
　　'내적 의식과 외적 세계'의 맞거울

2. 상상이라는 날카로운 칼날을 내려놓다 — 「드라이브 마이 카」 • 179
　　상상이 사정없이 자신을 난도질한다
　　"왜 나는 상처받아야 했는가"라는 질문
　　아는 것에 대한 집착

3. 자신을 부정하는 것의 위험성 — 『해변의 카프카』(나카타 편) • 191
　　"나카타는 머리가 나쁜 사람입니다"
　　텅 빈 것의 무서움
　　자신의 중요성을 의식하다

4. 보는 세계를 선택함으로써 상처는 치유된다 — 『해변의 카프카』(카프카 편) • 202
　　"왜 어머니는 나를 사랑해주지 않았을까"라는 질문
　　어머니를 용서하다
　　〈자신을 지키기 위한 상상력〉이란

제6장 | 자본주의 사회를 어떻게 살아갈 것인가
　　　　— '교환'에서 '코끼리'로

1. 스파게티를 삶는다는 풍요로움 • 216
　　요리를 잘하는 '나'와 집안일에 공을 들여서는 안 되는 사회

'쓸모없는 일' 속에서 드러나는 자유와 풍요

2. 불편한 존재로 있는 것의 가치 – 「코끼리의 소멸」 • 225
　　　'상품이 되지 않는 요소
　　　'편의적인 세계'에서 떠난 코끼리
　　　내장을 제거하고 건조된 거대 동물

3. '교환'이라는 올바르지 못한 선택 – 「빵가게 재습격」 • 235
　　　습격 장소는 맥도날드
　　　'습격'이 '교환'으로 끝났던 역사
　　　철저한 '교환'의 거부
　　　효율이란 '상상력의 대극에 있는 것'

|맺음말| 스스로 만든 벽과 마주하다 • 247

|인용문헌| • 254

제1장
무라카미 하루키가 읽히는 방식
비평적 독해와 세계적 공감

1. 세계적 베스트셀러 작가 무라카미 하루키

일본인이 모르는 세계적 현상

무라카미 하루키는 현대 일본 작가들 중에 틀림없이 무시할 수 없는 인기 작가일 것입니다. 일본 내에서의 인기는 널리 알려진 사실이지만, 해외에서의 인기는 그보다 더욱 놀라운 수준입니다.

지금까지 50개 이상의 언어로 번역되었고, 해외에서도 베스트셀러를 기록하고 있습니다. 신작이 나온다는 사실이 알려지면 번역권을 둘러싼 경합이 벌어지는 나라도 있는데, 그곳에서는 판권을 얻으면 텔레비전 뉴스에 소개될 정도입니다.

국제선 공항의 서점에는 거의 예외 없이 무라카미 하루키 작품의 영어판이 진열되어 있습니다. 최근에는 일본인으로서 노벨문학상을 수상한 가와바타 야스나리나 오에 겐자부로보다 무라카미 하루키라는 이름이 해외 독자들에게 더 많이 알려져 있습니다. 프란츠 카프카상, 예루살렘상, 카탈루냐 국제상 등 세계적으로 유명한 문학상을 여러 차례 수상했고, 프린스턴 대학교와 하와이 대학교를 비롯한 여러 유명 대학에서 명예박사학위도 받았습니다.

무라카미 하루키의 인기는 영어권뿐만이 아닙니다. 그전까지 현대 일본 작가의 작품이 소개된 적 없던 나라에서도 하루키 문학은 베스트셀러를 기록하고 있습니다. 『노르웨이의 숲』은 중국에서 100만 부 넘게 팔렸고, 프랑스에서는 『해변의 카프카』(2002)가 20만 부 넘게 팔렸습니다. 러시아와 구소련권 국가에서도 인기는 대단해서 『색채가 없는 다자키 쓰쿠루와 그가 순례를 떠난 해』(2013년)의 폴란드어 번역판이 발매되었을 때는 바르샤바역을 포함한 주요 도시의 역에 전용 자동판매기가 설치되어 신간을 기다리던 독자들이 장사진을 쳤다는 뉴스도 보도되었습니다.

하루키 작품은 번역뿐 아니라 영상화도 다수 이루어졌습니다. 『노르웨이의 숲』이 세계적으로 높은 평가를 받는, 베트남 출신으로 프랑스에서 자란 트란 안 홍 감독이 영화한 것은 유명합니다. 그 외에도 단편 소설 「빵가게 재습격」(1985년 발표)은 독일에서 오페라극으로 상영되었고 프랑스에서는 만화로 만들어졌습니다. 최근에는 단편 「헛간을 태우다」(1983년 발표)가 한국 영화의 거장이라 불리는 이창동 감독에 의해 〈버닝〉(2018)이라는 제목으로 영화가 만들어졌습니다.

미국의 인기 잡지 〈뉴요커〉에서는 1990년에 단편 「TV 피플」(1989년 발표)의 영어 번역이 게재된 이후로 30편 이상의 작품이 게재되었습니다. 그리고 〈뉴욕 타임스〉지에서는 1989년에 『양을 쫓는 모험』(1982)의 영어 번역본 서평이 소개된 이후, 신작이 나올 때마다 서평이 실리고 있습니다.

이제 무라카미 하루키라는 작가는 바다 건너에서 온 새로운 사람이 아니라 미국 문단의 일원으로 취급되고 있다. (국제교류기금 기획, 시바타·누마노·후지이·요모타 엮음, 『세계는 무라카미 하루키를 어떻게 읽는가』, 5쪽)

이는 무라카미 하루키와도 교류가 깊은 번역가 시바타 모토유키柴田元幸씨가 2006년에 17개국의 번역가, 작가, 출판인이 모여 열린 심포지엄 〈세계는 무라카미 하루키를 어떻게 읽는가〉(도쿄, 고베, 삿포로에서 개최)에서 한 말로, 무라카미 하루키가 미국 독자에게 얼마나 익숙한 존재인가를 보여줍니다.

필자 역시 오스트레일리아에서 놀랄 만큼 많은 무라카미 하루키 독자들과 만났고, 대학 안팎에서 하루키 문학에 대해 열정적으로 이야기할 수 있는 친구를 만났습니다. 그런데 일본에 귀국해보니 정작 '본국' 일본에서 무라카미 하루키에 대한 열기가 낮은 것에 무척 놀랐습니다.

일본에서의 하루키 문학에 대한 무관심

무라카미 하루키는 첫 작품으로 군조群像 신인상을 수상하며 화려하게 데뷔했습니다. 하지만 기존 일본 문학과는 다른 새로운 작풍이어서 그의 많은 작품은 비판적인 의견에 직면해왔습니다.

이를테면 번역풍이다, 가타카나[1]가 지나치게 많아 일본어답지 않다, 미국 문학을 흉내낸 것이다, 이해할 수 없는 꽃밭 같은 판타지 소설이다, 수동적인 여성이나 주인공에게 좋을 대로 움직이는 여성, 페미니스트에게 비판적인 발언을 하는 인물 등이 빈번하게 등장하는 것은 작가의 여성 멸시를 보여주는 것이다, 미시마 유키오나 오에 겐자부로처럼 사회적·역사적 문제를 정면으로 다루지 않는 하루키 작품은 문학으로서의 가치가 낮다 등의 의견입니다.

모난 돌이 정을 맞는 것은 세상에 흔히 있는 일이지만 무라카미

---

[1] 외래어는 가타카나로 쓰기 때문이다.

하루키의 책이 팔리면 팔릴수록 하루키 문학의 가치에 의문을 표하는 목소리는 커졌습니다. 마치 읽을 가치가 없다는 것을 필사적으로 증명하려는 것처럼 보이는 평론도 등장합니다.

일본 국내에는 히가시노 게이고, 이사카 고타로, 미나토 가나에 같은 베스트셀러 작가들이 많이 활약하고 있지만 그들의 판매 부수가 늘어나도 하루키에 대한 비판과 같은 감정적인 반응은 거의 보이지 않습니다. 무라카미 하루키에 대해서는 감정적으로 그 가치를 비판하고 싶어진다, 이것이 무라카미 하루키에게 특유한 현상이라는 것은 아주 흥미로운 부분입니다.

비교적 최근의 예로, 장편 『기사단장 죽이기』(2017)에는 난징 대학살에 대해 언급한 장면이 있습니다. 그때 주인공이 중국 측이 주장하는 30만 명보다 많은 '40만 명'이라고 언급한 사실이 여러 뉴스 미디어에 의해 보도되어 보수 미디어나 언론인으로부터 비판이 밀려들었습니다.

『기사단장 죽이기』는 난징 대학살을 주로 그린 작품은 아니며 주인공이 대화 중 딱 한 번 언급된 것뿐이지만, 50개국 이상의 언어로 번역되는 세계적 베스트셀러 작가의 작품이기 때문에 정치적 영향력을 우려한 결과라고 할 수 있습니다.

2015년에 발표한 에세이집에서 35년 전 데뷔 당시를 돌아보며 하루키는 말했습니다.

어느 유명한 평론가로부터는 '결혼 사기꾼'이라는 말까지 들은 적이 있습니다. 아마도 '내용도 없는 주제에 독자를 적당히 속이고 있다'는 뜻이었겠지요.

『직업으로서의 소설가』, 103쪽

하루키는 평소 평론가의 논평 같은 것은 읽지 않는다고 했습니다만 그래도 일본 문단의 강한 비난에는 몹시 난처해했던 것 같습니다.

일본 문단의 냉랭한 목소리는 모두 하루키 문학이 종래의 일본 문학의 틀에서 벗어났는데도 세계적 평가가 높은 것에 대한 당혹감 표출이 아닐까 하는 추측을 해볼 수 있습니다. 또한 세계적인 베스트셀러 작가인데도 일본을 대표하는 작가로서 그에 걸맞은(다고 그들이 믿는) 자세를 작품으로 보여주지 않는 것에 대한 분노의 표현이라고도 생각할 수 있습니다.

하루키는 자신의 작품에 대한 비판이 많은 것에 대해 다음과 같이 말합니다.

동시대 일본 문학 관계자(작가, 평론가, 편집자 등)가 느꼈던 좌절감의 발산 같은 것이 아니었을까 하는 생각도 듭니다. 이른바 '주류 순문학'이 존재감이나 영향력을 급속히 잃어갔던 것에 대한 '문학계' 내부의 불만, 울적함입니다. (중략) 그들 대부분은 제가 쓰는 것을, 또는 <u>저라는 존재</u> 자체를 '본래의 바람직한 상황을 해치고 파괴한 원흉 중 하나'라고 여기고, 백혈구가 바이러스를 공격하듯이 배제하려 했던 게 아닐까 하는 느낌이 듭니다. 저 자신은 '나 같은 것에 망가지는 것이라면 망가지는 쪽에 오히려 문제가 있을 것이다'라고 생각했지만요.

『직업으로서의 소설가』, 309~310쪽, 강조는 원문

당시에 만약 내가 연못에서 빠진 할머니를 뛰어들어 구했다 하더라도, 아마도 대체로 나쁘게 말했을 거라고 — 반쯤 농담이지만 반쯤은 진심으로 — 생각합니다. "속이 빤히 들여다보이는 이름 팔이 행위다."라든가 "그 할머니는 분명히 수영할 줄 알았을 것이다."라든가 하고요.

『직업으로서의 소설가』, 103~104쪽

하루키에 대한 비판이 얼마나 강했는지를 엿볼 수 있는 발언입니다. 하지만 중요한 것은 하루키 작품의 가치를 의심하는 평론가들보

다 훨씬 많은 일반 독자들이 그의 소설에 끌려 읽고 있다는 사실입니다. 그리고 해외에서도 이례적인 베스트셀러를 기록하고 있는, 즉 국경을 넘어 작품이 공감을 얻고 있다는 사실입니다.

독자는 솔직합니다. 읽고 싶으니까 읽는 것입니다. 자세한 내용은 뒤에서 다루겠지만 무라카미 하루키가 세계적으로 독자를 얻는 주된 이유는, 그들이 하루키 문학 속의 어떤 것에 '공감'하기 때문입니다. 하지만 그들이 공감하는 대상은 여성을 멸시한다거나 역사를 부정한다거나 하는 작가의 태도가 아닙니다.

공감이란 기호를 넘어선 곳에 있습니다. 이야기의 전개가 재미있다거나 판타지 장르에 대한 관심의 크기는 기호와 관련된 것이지만, 그것만으로 일본인의 작품이 바다를 건너 붐을 일으킨다고는 생각하기 힘듭니다. 그보다 작품 전체가 전달하는 일종의 사상에 대한 공감이 문화적 장벽을 허물고, 하루키의 이야기를 찾는 독자를 늘려온 것이라고 보는 편이 더 설득력이 있습니다. 또한 무라카미 하루키의 영향력을 위험하게 여기는 논자도 있지만, 하루키의 작품을 읽고 여성 멸시적인 행동을 하려고 마음먹는 사람이나 역사를 부정하려는 독자가 늘어난다고도 상상하기 어렵습니다.

다음 장에서 자세히 설명하겠지만 세계의 독자들이 공감하는 것은 하루키의 주인공들이 자유를 잃지 않고 현대를 살아가는 방식입니다. 그리고 그러한 삶의 방식에 대한 동경이야말로, 국경을 넘어선 무라카미 하루키 붐의 요인이 되었다고 생각합니다.

2. 인기의 이유는 '공감'

'게이샤'도 '사무라이'도 아닌 '하루키'

무라카미 하루키의 세계적인 인기에 대해 무척 흥미로운 점은, 하루키 작품은 '일본인 작가'로서라기보다 '한 사람의 작가'로서 읽히고 있다는 사실입니다. 지금까지 일본 소설은 다수 번역되어 왔습니다. 가와바타 야스나리, 다니자키 준이치로, 미시마 유키오는 영어권에서 '빅3^{Big Three}'라 불리며, 대표적인 일본인 작가로서 영어 번역본이 출간되었습니다. 하지만 그들의 작품은 대부분 전통적인 일본 문학으로 소개되는 경우가 많았으며, '사무라이'나 '게이샤' 같은 키워드에 끌리는 독자들이 즐겨 읽는 경향이 있었습니다.

앞서 언급한 심포지엄 〈세계는 무라카미 하루키를 어떻게 읽는가〉에 참가한 러시아·폴란드 문학 전문가 누마노 미쓰요시^{沼野充義} 씨는 이렇게 말합니다.

미시마 유키오나 가와바타 야스나리라면 완전히 다른 세계라서 거기에 자기 자신을 투영할 수 없다. 하지만 무라카미 하루키 주인공의 심리나 행동이라면 러시아의 젊은 독자는 자기 일처럼 공감할 수 있다.

『세계는 무라카미 하루키를 어떻게 읽는가』, 6쪽

자기를 투영할 수 없는 작품에 대한 관심에는 한계가 있을 것입니다. 그러나 공감을 불러일으키는 작품은 몇 번이고 다시 읽고 싶어지는 법입니다. 한 일본 작가가 이처럼 세계적인 평가를 얻고 있는 배경에는, 그의 작품이 많은 독자에게 공감을 주는 힘을 지니고 있다는 것을 들 수 있겠지요.

이러한 경향은 물론 러시아 독자에게만 해당되는 것이 아닙니다. 세계적인 인기를 고려하면 하루키 문학이 주는 공감의 종류는 문화적 특수성의 장벽을 뛰어넘는 것이라고 추측할 수 있습니다. 문화적, 종교적, 사상적 배경과 관계없이 공감을 이끌어내는 것은 인간의 보편적인 측면을 다루고 있기 때문일 것입니다.

공감이란 대상을 자신과 겹쳐보는 데서 생겨나는 감정입니다. 설령 인종, 나이, 성별, 사회적 지위가 다른 등장인물일지라도 그들의 삶이나 인생을 간접체험하는 가운데 독자는 타인의 이야기 속에서 자신의 모습을 발견하기도 합니다. 사람들이 이야기에서 공감을 찾는 이유는, 거기에 자기 자신을 이해하기 위한 실마리가 있다고 느끼기 때문입니다. 공감을 통해 자신과 타인의 유대를 재발견하고, 인생을 더욱 깊이 생각해볼 기회가 생기는 것입니다.

자기 자신을 아는 것은 자유를 얻기 위해 큰 도움이 됩니다. 한편 자신이 누구인지 알지 못할 때 사람은 답을 외부에서 찾으려 합니다. '당신은 이런 사람이야', '이렇게 살아야 해'라고 가르쳐주는 존재를 찾고, 그 말에 매달리려고 합니다. 하지만 이 행위는 종종 위험과 맞닿아 있습니다.

무라카미 하루키는 지하철 살인 사건을 취재하는 과정에서, 자기 이해나 인생의 의미를 필사적으로 추구하던 젊은이들이 옴진리교에 이끌려 입교했다는 사실을 알게 되었습니다.

그들은 '자기 자신에 대한 진실'을 알게 됨으로써 자유를 얻고자 바랐지만 실제로는 사상의 자유를 빼앗는 종교 단체에 의존하고 말았습니다. 이 사실은 자유를 획득하고 그것을 실천하는 것의 어려움을 여실히 보여줍니다. 동시에 많은 사람이 '자유'의 본질을 충분히 이해하지 못하고 있다는 현실 또한 드러내고 있습니다.

불안정한 사회 속에서 붐이 되다

무라카미 하루키 문학의 특징으로, 초기 작품부터 일관되게 그려지는 '주체적으로 살아가는 주인공들'의 존재를 들 수 있습니다. 하루키 작품의 주인공들은 회사 근무를 피하고, 자유를 제한하는 조직이나 '아버지적인' 권위로부터 거리를 두며 생활합니다.

그들은 무리 짓는 것을 싫어하고, 교류하는 친구의 수를 최소한으로 억제하면서 혼자만의 시간을 소중히 여깁니다. 타인에게 선택을 맡기지 않고 자신의 의지를 존중하며, 외부의 가치관에 좌우되지 않고 자신의 판단을 믿고 행동합니다.

이러한 주인공들은 하루키 작품에 비판적인 독자로부터 '현실 도피적'으로 보이는 일도 있고, 젊은이의 무책임한 삶을 조장한다는 비난을 받는 일도 있습니다.

하지만 사실, 이 '주체성의 실천'이야말로 현대의 고도 자본주의 사회나 글로벌화된 사회에서 가장 어려운 행동 중 하나입니다. 그렇기에 많은 독자는 이러한 주인공들에게 동경이나 존경의 감정을 품는 것입니다.

주체성을 실천하기가 어려운 이유는 개개인보다 오히려 지금까지 믿어온 가치관이나 기반이 무너지고 있는 사회에 있습니다. 불확실한 시대에 자신의 의지를 갖고 주체적으로 살아가는 것은 많은 사람에게 이상적인 일이면서 동시에 어려운 과제입니다.

무라카미 하루키가 주목받기 시작한 1980년대는 버블경제로 인해 대량 소비 사회가 가속화하고, 물질적 풍요와 삶의 질 향상이라는 '행복'을 모두가 실감하던 시대였습니다. 그러나 살아남는 데 필사적이었던 전전戰前 세대가 추구한 '행복'은, 전후 세대에게 갈등을 유발하는 원인이 되기도 했습니다.

시장의 자유 경쟁은 경제적 이익의 극대화를 목표로 했고, 경쟁에서 이기는 것이 인생의 성공으로 여겨졌습니다. 그 결과 학교나 직장은 긴장과 불안으로 가득 차고 정신적 건강을 해치는 사람들이 늘어났습니다. 입시 전쟁에 지친 아이들은 정신적 불안을 호소하기 시작하고, 히키코모리(은둔형 외톨이)나 등교 거부가 사회 문제가 되었습니다.

하루키는 1986년부터 3년 동안(37세부터 40세까지), 이탈리아와 그리스를 여행하며 집필 활동을 이어갔는데 오랜만에 귀국한 일본의 변화된 모습에 "무심코 얼어붙고 말았다."고 여행 기록인 『먼 북소리』(1990)에서 썼습니다. "사회의 소비 속도가 믿을 수 없을 정도로 드라마틱하게 가속화된" 광경을 보고 "아연실색하고 말았다."고도 했습니다.

그것은 내게 거대한 수탈 기계를 상기시켰다. 생명이 있는 것·없는 것, 이름이 있는 것·없는 것, 형태가 있는 것·없는 것 ―그런 모든 사물이나 현상을 닥치는 대로 삼키고, 무차별적으로 씹고, 배설물로 토해내는 거대한 흡수 장치다. 그것을 떠받치고 있는 것은 빅브라더로서의 매스미디어였다. 주위를 둘러보면 눈에 띄는 것은 다 씹혀 끝난 것들의 비참한 잔해였고, 지금 막 씹히려는 것의 교성嬌聲이었다.

『먼 북소리』, 559~560쪽

버블경제의 절정기에 일본을 떠나 있었던 하루키는, 귀국 후 일본 사회의 극적인 변화에 더욱 강한 위기감을 가지게 되었습니다. 소비 사회라는 '거대한 수탈 기계'와 그것을 떠받치는 빅브라더(조지 오웰의 『1984』에 등장하는 독재자) 같은 매스미디어에 대한 불신은, 무라카미 하루키 작품에 일관되게 그려지는 주제입니다.

하루키는 소비 사회, 경쟁 사회, 매스미디어로부터 의도적으로 거리를 두고, 냉정하게 그것들을 관찰하는 주인공을 그립니다. 사회 흐름에 휩쓸리지 않고 살아가는 것은 어렵지만, 그 가운데서 주체적인 삶의 방식을 선택하는 주인공들에게 독자는 동경을 품는 것입니다.

해외 수요에서도 같은 경향을 찾아볼 수 있습니다. 하루키 문학의 해외 수요를 조사해보면, 큰 정치적·사회적 변화를 거친 후의 불안정한 사회에서 무라카미 하루키 붐이 일어났다는 공통점이 보입니다.

심포지엄 〈세계는 무라카미 하루키를 어떻게 읽는가〉에 참가한 러시아어 번역자 드미트리 코발레닌$^{Dmitry\ Kovalenin}$ 씨에 따르면, 러시아에서는 소련 붕괴 후인 1990년대 후반에 발생한 경제 위기로 인해 자살률이 급상승했고, 그와 같은 시기에 하루키 붐이 일어났다고 합니다. 2000년대에는 하루키 작품의 번역본 중 러시아어판이 가장 많았으며, 무라카미 하루키가 러시아어로 처음 읽힌 현대 일본 작가였다고도 합니다.

한국어 번역자 김춘미 씨에 따르면, 일본 출판물에 대한 저항감이 뿌리 깊이 남아 있는 한국에서는 무라카미 하루키 문학을 계기로 일본 문학 수용이 시작되었는데 그 붐을 떠받친 것은 1980년대 학생운동의 주역으로 군사정권을 무너뜨린 세대였습니다.

하지만 성공한 것으로 보였던 민주화운동은 표면적인 변화에 그쳤고, 이후에도 학생운동 세대는 좌절감과 허무감에 시달렸습니다. 이러한 살아가기 어려운 감각을 당시의 젊은이들이 하루키 문학 속에서 발견한 것이 붐의 계기가 되었습니다. 그리고 현재 한국의 젊은이들도 사람들이 끊임없이 안고 있는 상실감과 허무감을 무라카미 하루키가 대변해주었다고 느낀다고 합니다.

폴란드어 번역자인 안나 젤린스카–엘리엇$^{Anna\ Zielinska-Elliott}$ 씨는 소련 붕괴 후 폴란드에서 하루키 붐이 일어난 배경으로, 자본주의가 침투하면서 소비 사회와 경쟁 사회가 형성된 가운데 사람들 사이의 유대가 약해지고, 삶의 목적이나 보람을 알 수 없게 된 현대인이 하루키 문학에 공감했기 때문이라고 설명합니다.

이 모든 사례에서 공통으로 보이는 것은, 사회의 큰 물결에 휩쓸리는 불안 속에서 독자들이 하루키 문학을 통해 삶의 지침을 찾고자 한다는 점입니다.

"글로벌할 필요는 없어"

무라카미 하루키는 러시아 및 동유럽 지역에서 자신의 소설이 읽히는 이유에 대해 다음처럼 추측합니다.

이야기라는 것은 원래 현실의 은유로서 존재하는 것이고, 사람들은 변화하는 주변 현실의 시스템을 따라잡기 위해 혹은 거기에서 떨어져 나가지 않기 위해 자신의 내적 장소에 위치시켜야 할 새로운 이야기, 즉 새로운 은유 시스템을 필요로 합니다. 그 두 가지 시스템(현실 사회의 시스템과 은유 시스템)을 잘 연결함으로써, 달리 말하자면 주관 세계와 객관 세계를 오가며 상호 조율해 나감으로써 사람들은 불확실한 현실을 어떻게든 받아들이고, 제정신을 유지할 수 있게 되는 것입니다. 제 소설이 제공하는 이야기의 리얼리티는 그러한 조율의 톱니바퀴로서 우연히 세계적으로 잘 기능하게 된 것이 아닐까 하는 생각이 듭니다.

『직업으로서의 소설가』, 315~316쪽

조금 난해한 설명이지만 다음과 같이 바꿔 말할 수 있겠지요. 공산주의 체제가 붕괴함으로써 사회와 사람들의 정신적 기반이 크게 흔들린 지역에서, 그들은 소설이라는 허구의 세계에서 벌어지는 '현실'에 익숙해짐으로써 눈앞의 현실을 받아들일 준비를 할 수 있었다, 하루키 소설이 그 기능을 했다는 것입니다.

여기에 허구를 그리는 소설의 역할이 존재합니다. 허구란 '거짓' 세계, 즉 '가짜'라는 의미가 아니라 현실을 비유적으로 바꾸어 표현한 것입니다. 사회의 큰 변화를 통해 눈앞의 현실에 쉽게 적응하지 못할 때, 맥락을 바꿔서 표현되는 허구의 세계가 자신이 사는 세계의 거울상 역할을 하는 경우가 있습니다. 그 거울상에 의해 자신이 놓여 있는 세계를 다소 떨어진 위치에서 관찰할 수 있게 됩니다. 주관적으로 볼 때는 인식하지 못했던 현실의 모습이 보이게 되는 것이지요. 러시아와 동유럽 지역(그리고 민주화운동 이후의 아시아권도) 사람들은 이러한 방식으로 하루키의 소설을 통해 눈앞에 펼쳐지는 낯선 세계를 조망하는 시점을 획득하고, 거기에 자신을 적응시키는 준비 운동의 기회를 얻었다고 할 수 있습니다. 또한 하루키는 세계적으로 읽히는 작가로서 '서양과 동양을 넘나드는 드문 작가'라는 틀로 이야기되는 일이 많은데 이 점에 대해 하루키는 다음과 같이 말합니다.

> 저는 글로벌이라는 말이 별로 실감 나지 않습니다. 왜냐하면 우리가 꼭 글로벌할 필요는 없기 때문입니다. 우리는 이미 동질성을 갖고 있고, 이야기라는 채널을 통할 수 있다면 그것으로 충분하다는 생각이 듭니다.
>
> 『꿈을 꾸기 위해 나는 매일 아침 눈을 뜹니다』, 197쪽

하루키 작품의 세계적인 인기 이유에 대해 평론가나 연구자들이 논의할 때, 공통으로 언급되는 요인은 그의 작품에 일본적인 아이콘이 적고, 맥도날드의 햄버거나 맥주, 도넛 등 전 세계 도시 생활자에게 익숙한 문화적 기호가 빈번하게 등장한다는 점입니다. 한편 하루키는 문화적 아이콘의 유무가 아니라 인간에게는 보편적인 동질성이 있고, 그것이 이야기에 대한 공감을 통해 나타난다고 생각합니다.

예를 들어, 가치관이 흔들리는 불안정한 사회에서 많은 사람은 불안이나 공포를 느낍니다. '축'이 불확실한 사회에서 자신이 선 위치를

알 수 없게 되어 불안과 고독에서 벗어나고 싶어집니다. 그리고 그 때문에 누군가에게 도움을 구하는 인간에게 공감하기도 하고, 불안과 고독을 받아들이고 신념을 관철하며 살아가는 인간에게 존경심을 느끼기도 합니다.

이러한 인간의 반응은 보편적이라고 말해도 좋습니다. 그 보편적 성질을 그려내기 때문에 하루키의 이야기는 문화적 장벽을 뛰어넘어 바다 건너 독자의 마음까지도 흔들어 놓는 것입니다. 이것이 바로 문학의 역할이라고 할 수 있습니다.

무라카미 하루키의 작품이 문학으로서 기능해 왔기에 세계의 독자를 획득해 온 것이라면 하루키 문학이 '순문학'이 아니라는 조롱을 받아온 이유는 이야기 자체에 대한 평가가 아니라 역사나 사회 문제에 대한 언급, 문화적 기호의 사용 등 이야기 외적 부분에 대한 평가 탓이었다는 것을 알 수 있습니다.

3. 자유를 추구하며 읽는 세계의 사람들

자유를 추구하는 하루키

냉전 시기 서방 세계 사람들은 공산주의라는 '악'과 싸운다는 신념을 가지고 있었지만 냉전의 종식과 함께 소비 사회화와 경쟁 사회화에 의해 그동안 자신들이 믿어온 정의가 상상하던 것과는 달랐다는 사실을 깨닫기 시작합니다.

동유럽 사람들 역시 권력으로부터 쟁취했다고 여겨졌던 자유가 소비 사회와 경쟁 사회에 의해 새로운 구속을 받을 수 있다는 가능성을 인식하게 됩니다. 지구 전체가 동일한 가치관을 공유해 가는 가운데 자신의 가치 판단을 믿고 주체적으로 살아가는 하루키 주인공들의 모습은 쉽게 따라할 수 있는 것이 아닙니다. 하지만 그것을 알기에 독자들은 주인공들에게 동경을 품는 것입니다.

독일의 사회심리학자 에리히 프롬에 따르면 봉건 사회가 붕괴했을 때 사람들은 태어날 때부터 정해진 사회 질서 속에서 살아가던 삶에서 해방되어 '자유'로워졌을 터였습니다. 하지만 동시에 정해진 역할을 수행함으로써 그때까지 주어져 있던 소속감과 안도감을 잃었다고도 합니다(『자유로부터의 도피』, 원저 1941). 게다가 그들은 자본주의의 경쟁 사회에 던져짐으로써 불안과 고독에 시달리게 됩니다. 즉, 자유란 불안과 고독과 떼려야 뗄 수 없는 것이 되었던 것입니다.

일본 역시 막부 시대 말기 이후 근대화를 통해 같은 길을 걸어 오늘에 이르게 됩니다. 자유란 일본에서도 불안과 고독을 감수하지 않으면 얻을 수 없습니다.

이러한 부자유를 하루키의 등장인물은 다음과 같이 대변하고 있습니다.

> 세상 사람들은 대부분 자유 따위 바라지 않아. 바라고 있다고 믿고 있을 뿐이지. 모두 환상이야. 만약 진짜로 자유가 주어진다면 사람들은 대부분 난감해할 거야. 기억해두는 게 좋아. 사람들은 사실 부자유를 좋아해.
>
> 『해변의 카프카』, 하권 190쪽

소련의 붕괴나 민주화운동을 통해 외부를 향할 자유를 획득한 나라의 사람들이, 획득했을 터인 자유에서 위안을 얻지 못한 것은 이러한 사정 때문이겠지요. 고정된 사회 질서로부터의 해방은 고정되지 않은 불안정한 자신을 감당하는 새로운 고통을 낳았기 때문입니다.

하루키 작품의 주인공들에게는 자신의 규칙을 존중하고 계속 개인으로 있으려는 떳떳함이 있습니다. 고정되지 않은 불안정한 자신을 감당하지 않으면 안 되는 부자유한 세계에서 자유롭게 있는 것을 포기하지 않는 강한 의지의 표현이기도 합니다. 그런 주인공들의 모습에서 독자들은 동경을 느끼는 것이겠지요.

선택하는 것인가, 선택당하는 것인가

자유롭게 살아가기 위해서는, 무엇이 우리를 부자유하게 만드는지에 대해 의식적이어야 합니다. 하지만 사회에는 자유를 가장한 '가짜'들이 존재합니다. 하루키 작품에서는 그런 가짜들에 눈뜨게 하는 관점이 수없이 제시됩니다. 특히 소비 사회에서는 물질에 대한 우리의 욕망이 어떻게 만들어지고 조작되는지에 대해 하루키의 등장인물들은 곳곳에서 날카로운 발언을 합니다.

『댄스 댄스 댄스』(1988)는 경제적 풍요에 들떠 있던 1980년대 일본이 무대입니다만 자본과 정보에 지배당한 사회를 비판하는 인물들이 인상적입니다. 프리랜서 작가인 '나'는 고급 요리 잡지의 의뢰를 받아 기사를 쓰기 위해 하루에 여러 음식점을 돌아다니며 주문한 음식을 대부분 남기고 다음 장소로 이동하는 하루하루를 보냅니다.

'나'는 자기 일에서의 낭비와, 정보에 지배당하는 사람들을 야유하며 이렇게 말합니다.

여기로 가세요. 이런 걸 드세요. 그런데 왜 굳이 그렇게 해야 하는 거지? 다들 멋대로 자기가 좋아하는 걸 먹으면 되는 게 아닐까. 그렇지 않아? 왜 다른 사람한테 음식점에 대한 것까지 일일이 배워야 하는 거지? 왜 메뉴 선택법까지 배워야 하는 거냐고? 그리고 말이야,

그런 데서 소개하는 가게는 유명해짐에 따라 맛도 서비스도 점점 떨어져. 십중팔구는 그래. 수요와 공급의 균형이 무너지기 때문이지. (중략) 사람들은 그걸 '정보'라고 불러. 생활 공간의 구석구석까지 빈틈을 남기지 않고 그물로 떠올리는 걸 정보의 세련화라 부르지.

『댄스 댄스 댄스』 상권, 240쪽

정보가 '세련화'한 사회에서 사람들의 수요는 의도적으로 만들어집니다. '추천' 정보에 따라 필요한 것을 선택하고, '가치 있는 것'에 접하고 있는 자신을 느끼며 그들은 만족합니다. 이 작품에 등장하는 '나'의 친구이자 인기 배우인 고탄다라는 인물 또한 이 구조를 명확히 의식하고 있습니다. 고탄다는 다음과 같이 말합니다:

필요는 그런 식으로 인위적으로 만들어져. 자연스럽게 생겨나는 게 아니야. <u>조작되는 거지.</u> 아무도 필요로 하지 않은 것이, 필요한 것이라는 환상을 부여받는 거야. 간단해. 정보를 계속 만들어내면 되는 거지. 살려면 미나토구입니다, 차는 BMW입니다, 시계는 롤렉스입니다 하고 말이야.

『댄스 댄스 댄스』 하권, 194~195쪽

하지만 대체로 소비자인 우리는 이러한 '필요성'이 고의로 '만들어진' 것이라는 사실을 의식하지 않습니다. 주어진 선택지들 속에서 선택되고 있는, 즉 스스로 선택하고 있다고 말하기 힘든 점을 인식하지 못합니다.

『1Q84』(2009~2010)의 여성 주인공 아오마메는 고급 레스토랑에서 메뉴를 보며 이렇게 말합니다.

> 하지만 말이야, 메뉴든 남자든 다른 무엇이든 우리는 자신이 선택하고 있는 것처럼 느끼고 있지만 사실은 아무것도 선택하고 있지 않는 걸지도 몰라. 그것은 처음부터 미리 정해져 있는 것이고, 그냥 선택하고 있는 척만 하고 있을 뿐일지도 모르지. 자유의지 같은 건 단순한 착각일지도 몰라. 가끔 그런 생각을 해.
>
> 『1Q84』1 후편 95쪽, 강조 원문

현대 사회에서는 선택의 자유보다 선택당하고 있는 부자유가 더 클지도 모릅니다.

하루키 문학과 자유에 대한 갈망

소비 사회에서 강요되는 부자유에 의식적이지 않으면 진정으로 자유로워질 수 없습니다. 주어진 정보를 그대로 받아들여 사회에 편리한 소비자가 되는 것이 아니라 스스로 정보를 취사선택하려는 의지를 갖고 행동할 필요가 있습니다. 즉, 주체적으로 선택하는 개인이 되려는 각오가 필요한 것입니다.

더욱이 현대는 무라카미 하루키가 인지되기 시작한 1980년대보다 정보화가 훨씬 더 진전된 시대이기도 합니다. 스마트폰이라는 작은 컴퓨터를 손에 쥐고 살아가는 우리에게는 처리할 것을 요구하는 정보가 하루하루 무수하게 도착합니다.

정보가 많다는 것은 그만큼 개인의 판단에 영향을 끼치는 요소도 많다는 뜻입니다. 자신에게 필요한 정보만을 선택하려고 해도, 선택하는 자신에 대한 자신감이 없으면 남의 떡이 커 보여 무엇을 선택하든 '이 선택은 틀린 게 아닐까', '더 나은 게 있지 않을까' 하는 불안에 휩싸이게 됩니다.

현대 사회에서 주체적으로 선택하는 개인이 된다는 것은, 정치적 변혁 때문에 사상의 축이 사라진 사회에서 살아가기 위한 근거로서 새로운 '축'을 찾아내는 것만큼이나 어려운 일입니다. 하루키가 세계 각국에서 독자를 얻는 것은 소비 사회와 정보사회의 확대가 자유의 본질을 잊게 하고 있을 가능성을 인식하는 사람이 늘어나고 있기 때문일지도 모릅니다.

무라카미 하루키의 세계적인 인기 배경에는 현대 사회를 살아가는 사람들의 자유에 대한 갈망이 있다고 볼 수 있습니다. 하루키가 어떤 표현을 통해 사회에 경종을 울리고, 또 하루키 작품의 주인공들은 어떤 방식으로 자유의 실천을 보여주고 있는가. 이러한 질문들을 다음 장부터 깊이 파고들 것입니다.

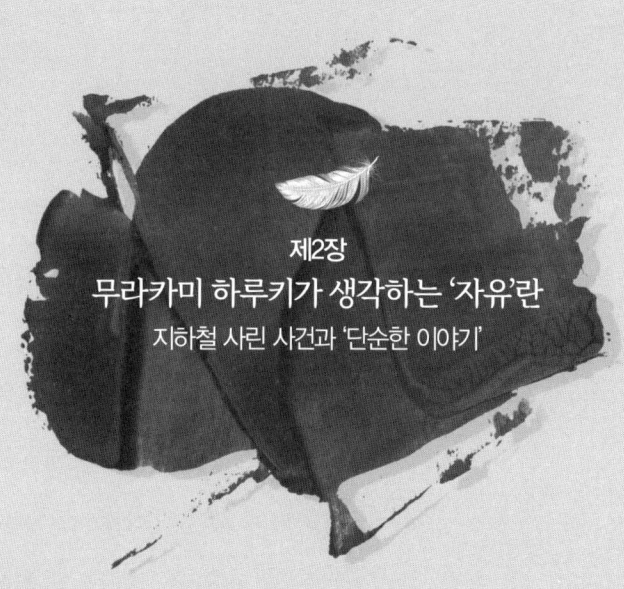

제2장
무라카미 하루키가 생각하는 '자유'란
지하철 사린 사건과 '단순한 이야기'

1. 일본에서 자유롭게 살아간다는 것이란

'개인으로 있고자 하는 것의 힘듦'

하루키 문학이 자유롭게 살아가는 것을 어떻게 전하고 있는지를 살펴보기에 앞서, 이 장에서는 무라카미 하루키 자신이 자유를 어떻게 인식하고 있는지를, 그의 에세이와 인터뷰를 중심으로 고찰하고자 합니다.

무라카미 하루키는 전공투 세대(단카이 세대)로서, 1960년대 학생운동이 고조되던 상황을 와세다대학 학생으로서 지켜보고 있었습니다. 운동의 참가자들은 권력과 체제로부터의 자유를 요구하며 싸웠습니다. "구속되지 않는 것이 무엇보다 중요했다."고 말하는 하루키의 말에는 세대의 영향도 엿보입니다. 하지만 하루키에게 '구속되지 않는 것'은 단순히 권력에 얽매이지 않는 상태만을 의미하지 않습니다. 자유를 제한하는 것은 외부의 힘만이 아니라 내부의 힘도 포함된다는 사실을 그는 이미 인식하고 있었습니다.

잡지 〈생각하는 사람考える人〉에 실린 긴 인터뷰에서 하루키는 자신의 초기 작품에 대해 다음과 같이 말합니다:

> 자유로워지고 싶다, 개인이 되고 싶다 하는 생각이 저에게는 강하게 있었고, 이야기 속에서도 주인공이 개인이라는 것, 자유롭다는 것, 속박되지 않는다는 것이 무엇보다 중요했습니다. 그 대신 사회적 보장은 없습니다. 큰 회사에 다닌다거나 가정을 갖는다는 것은 일종의 안전 보장이 작동하고 있다는 뜻입니다. 그 무렵 제가 그려낸 주인공들에게는 그런 장치가 거의 작동하지 않았습니다. (중략) 당시 일본은 지금보다 훨씬 더 그런 안정 보장에 대한 신뢰가 강했습니다.
> 〈생각하는 사람〉 2010년 여름호, 67쪽

하루키는 일본에서 자유롭다는 것은 안전 보장을 희생하는 일이라고 말합니다. 즉, 안전 보장을 포기하는 불안을 감수하지 않으면 자유를 얻을 수 없는 사회가 일본 사회라는 뜻입니다.

하루키는 자유를 의식하게 된 계기로서 젊은 시절의 두 가지 에피소드를 이야기합니다. 하나는 신문에서 〈가장 중요하게 생각하는 단어는 무엇인가〉라는 앙케트 조사 기사를 읽었을 때의 일입니다. 자신이라면 '자유'라는 단어를 선택했을 것이라 생각했지만 '자유'의 순위가 낮았던 사실에 놀랐다고 말합니다. 다른 하나는 고등학교 시절 에피소드입니다. 고교 신문을 만들던 하루키는 교복을 폐지해야 하는지를 묻는 앙케트를 실시했는데 압도적 다수의 학생이 '교복은 있는 편이 좋다'고 응답했다고 합니다.

젊었을 때 그 두 가지 경험을 통해 일본인은 특별히 자유를 원하지 않는다는 사실을 깨달았습니다. 그런 나라에서 자유롭게 있고 싶다, 개인으로 있고 싶다고 생각하는 것의 힘듦을 저 나름대로 소설적으로 그리고 싶었습니다.

〈생각하는 사람〉 2010년 여름호, 68쪽

하루키가 깨달은 것은 일본인들이 그다지 자유를 바라지 않고, 또 자유가 제약된 생활에 불쾌감을 느끼지 않는다는 사실이었습니다. 오히려 안도감을 위해 그들은 스스로 자신의 자유를 제한하고 있었습니다.

일본에서 자유롭게 있고자 하는 것, 즉 주위의 선택이 어떻든 자신의 의견을 존중하여 행동하는 것은 '힘든' 작업이라는 사실을 알았기에 하루키는 굳이 그 '힘듦'을 감수하는 주인공을 그립니다.

하루키 작품을 지지하는 독자들은 자유 획득에 따르는 이 '힘듦'을 직관적으로 이해하고 있는 것이겠지요. 그렇기 때문에 그들은 주인공들에게 일종의 동경을 품는 것이라고 생각합니다. 또한 해외에서의 수용도 생각하면 이 '힘듦'은 일본에만 국한된 것이 아니라는 사실을 추측할 수 있습니다.

'생각하지 않는 자유'를 선택한 젊은이들

1995년 3월, 장기 체류하고 있던 미국에서 무라카미 하루키는 도쿄 지하철에 사린이 뿌려졌다는 소식을 접했습니다. 전후 일본에서 처음 발생한 테러 사건으로 여겨진 지하철 사린 사건에 위기감을 느낀 하루키는 교단과 테러 사건에 대해 조사하기 시작하고, 실행범들의 재판에도 열심히 방청하게 됩니다. 조사를 통해 여기에서도 자유를 추구하지 않는 일본인의 경향을 인식합니다.

지하철 사린 사건의 실행범 대부분은 당시 30대였고, "1960년대 후반의 학생 반란의 시대 이후에 '뒤늦게 온' 세대"(『무라카미 하루키 잡문집』, 247쪽)이며 "'사회의 경제 발전이 그대로 개인의 행복을 가져다주는 것은 아니다'라는 사실을 실감으로 깨달은 최초의 세대"(『무라카미 하루키 잡문집』, 252쪽)였다고 하루키는 말합니다.

패전 이후의 황폐함 속에서 복구와 그 후의 고도 경제 성장에 진력했던 일본인에게는 살아가는 목적이 분명했습니다. 자신이 일하지 않으면 먹을 수 없었고, 또 가족에게도 먹을 것을 제공할 수 없었습니다. 그리고 경제가 궤도에 오르자, 노력하면 그만큼의 성과가 돌아왔습니다.

한편 아사하라 쇼코의 이야기를 바라며 교단에 입단한 젊은이들은 이미 풍요로워진 사회에서 태어난 세대입니다. 그들에게는 생활을 위해 해야만 하는 일이 더는 남아 있지 않았습니다. 식량도 물품도 넘칠 만큼 충분했습니다. 자신이 필사적으로 일하지 않아도 누군가가 대신 일해줍니다. '해야만 하는' 일이 없는 '자유로운' 세계는, 곧 '하지 않아도 되는' 일들로 넘쳐났습니다. 그들의 정신적 허기는 단지 물질적 풍요만으로 인간이 행복해질 수 없다는 사실을 뒷받침하는 것이었습니다. 하지만 자본주의를 떠받치는 시스템은 한없이 성장을 계속하여 젊은이들이 추구하는 삶의 방식이라는 지침을 제시할 수 없게 되었습니다.

하루키는 그 실행범 세대를 움직인 것은 바로 "사회 자체의 목적 상실"(『무라카미 하루키 잡문집』, 251쪽)이었다. 그리고 목적을 상실한 사회에서 그들은 타인과 자신 사이에 차이를 만들어냄으로써 아이덴티티를 확립하려 했다고 말합니다. 그러나 아이덴티티를 위한 차이 만들기는 그들을 괴롭히게 됩니다.

> 그것은 결과적으로 자신의 아이덴티티를 확립하기 위한 건설적인 차이인 것을 그만두고, 차이화하는 것만을 목적으로 하는 '출구 없는 차이'로 변질되어 갔다. (중략) 그런 경쟁이 초래하는 것은 많은 국면에서 한없는 폐색감이며 목적의 상실이 초래하는 좌절이다.
>
> 『무라카미 하루키 잡문집』, 249쪽

하루키는 옴진리교에 입교한 젊은이들이 아사하라의 교의를 무방비로 받아들인 배경에 그 숨막힘이 있고, 거기에서 벗어나기 위해 아사하라의 유혹을 받아들였다고 말합니다.

> "개별적 차이 같은 그런 성가신 것을 하고 있을 필요는 없다. 이쪽으로 와서 시키는 대로 하라."라는 목소리를 들었을 때 그들은 저항할 수 없었다. 그런 유혹에 맞설 만큼의 사상적 지주가 존재하지 않았던 것이다.
>
> 『무라카미 하루키 잡문집』, 250쪽

"시키는 대로 하라." 이는 젊은이들을 아이덴티티 찾기의 피로에서 해방시켜주는 고마운 말이었습니다. 실제로 지하철 사린 사건 당시 교단에 소속되어 있었던 (전) 신자들을 하루키가 인터뷰했을 때, 그들은 다음과 같이 말했습니다.

> [인용자 보충: 교단 안에 있으면] 의문도 없습니다. 어떤 의문에도 전부 답이 있습니다. (중략) 어떤 질문을 해도 즉시 제대로 된 답이 돌아옵니다.
>
> 『약속된 장소에서』, 42쪽

> 이런 게 편하다고 생각했습니다. 스스로 아무런 생각을 안 해도 되니까요. 시키는 대로 하면 됩니다. 자기 인생이 어쩌고 저쩌고 하는 걸 일일이 생각할 필요가 없습니다.
>
> 『약속된 장소에서』, 216쪽

'생각하지 않을 자유'를 선택함으로써 젊은이들은 이 사회에서 살아가기 힘든 상황에서 해방되려고 했습니다. 그리고 그 '자유'를 동경한 것은 아사하라의 신자들만이 아니었습니다.

하루키는 지하철 사린 사건의 피해자들에 대한 인터뷰를 『언더그라운드』에 수록했는데, 피해를 당한 30대 샐러리맨들 중 상당수가 실행범들 대부분이 자신과 같은 세대였다는 사실을 알고 나서 다음과 같이 하루키에게 말했다고 합니다.

> 옴진리교에 끌린 사람들의 마음을 개인적으로 이해하지 못하는 건 아닙니다.
>
> 『무라카미 하루키 잡문집』, 250쪽

그들의 말에 하루키는 깊은 생각에 잠기게 되었습니다.

"괴롭지 않을 리가 없잖아"

실행범들이 사린을 살포한 것은 가스미가세키[2]로 향하는 지하철 내부였습니다. 일본 행정의 중추인 가스미가세키로 향하는 지하철을 노린 시도에는, 일본을 근간에서부터 혼란에 빠뜨리겠다는 상징적인 의미가 담겨 있었습니다. 하지만 실제로 사린이 살포된 지하철 내부에는 아사하라가 싸우고자 했던 가스미가세키의 고위 관료도 대기업 엘리트도 타고 있지 않았습니다. 오히려 하루키가 인터뷰한 피해자 대부분은 대학 교육을 받지 않았으며, 실행범들과 같은 고학력자들

---

[2] 霞が関. 도쿄도(東京都) 지요다구(千代田区)의 사쿠라다몬(桜田門) 남부 일대. 이곳에는 외무성을 비롯한 여러 관청이 있다.

이 아니었다고 합니다. 그들은 "시스템 안에서 매일 성실하게 꾸준히 일하는 지극히 '평범한 사람들'이었다"(『무라카미 하루키 잡문집』, 247쪽)는 것입니다.

하루키는 '평범한 사람들'을 다음과 같이 설명합니다.

> 설령 소득이 두 배가 되었다 하더라도 토지 가격은 그보다 더 가파르게 상승해서 사람들은 직장 근처에 제대로 된 집을 살 수도 없었다. 그들은 아주 먼 교외에 집을 가지고, 매일 1시간 반에서 2시간에 걸쳐 살인적인 만원 전철에 흔들리며 출근했고, 대출을 갚기 위해 잔업에 매달리며 귀중한 건강과 시간을 갉아먹었다. 기업 경쟁은 가혹했고, 유급 휴가도 쓸 수 없었다. 밤늦게 귀가하면 아이들은 이미 침대에서 깊은 잠에 빠져 있었고, 주말은 주로 피로를 풀기 위한 휴식에만 쓰였다.
>
> 『무라카미 하루키 잡문집』, 252~253쪽

인터뷰를 했던 한 샐러리맨은 자조적으로 웃으며 "누군가 굳이 사린을 뿌릴 필요조차 없었어요. 이 전철에서 사람이 죽지 않는 것 자체가 이상할 정도입니다." 하고 말했다고 합니다. 또 다른 샐러리맨은 "이건 흡사 전쟁입니다." "그리고 우리는 매일 아침, 주 5일, 그것을 정년 때까지 30년 이상 계속해야만 합니다." 하고 말했습니다. 하루키는 그에게 묻습니다.

"고통스럽지 않습니까?" 하고 나는 물었다.
그는 얼굴을 살짝 일그러뜨렸다. 고통스럽지 않을 리가 없죠, 하고 그 얼굴은 말하고 있었다. 하지만 그는 그것을 굳이 입에 담으려 하지 않았다. 그것을 말하면 아마도 자기 안에서 무언가가 무너져버릴 지도 모르기 때문이었을 것이다. 대신 그는 말했다. "말씀드리자면 모두가 그렇게 하고 있습니다. 저만 그렇게 하는 게 아니에요."
이것이 우리의 나라다.

『무라카미 하루키 잡문집』, 253~-254쪽

　모두가 하고 있기 때문에 자신만 고통스럽다고 앓는 소리를 내서는 안 된다는 분위기를 견디며 묵묵히 일하는 사람들, 그런 '평범한 사람들'이 사린 사건의 희생자가 되었습니다. "살인적인 만원 전철에 흔들리"고, "귀중한 건강과 시간을 갉아먹"으며, "유급 휴가도 쓸 수 없"어 자녀와 보낼 시간도 제한되고, 집에는 잠을 자기 위해서만 돌아가는 생활. 그곳에서 강요되는 앙버팀이 더 나은 미래를 보장한다고 확신할 수 있다면 그들에게도 희망은 있었을지 모릅니다. 이전 세대가 그랬던 것처럼.

하지만 "사회의 경제적 발전이 그대로 개인의 행복을 가져다주는 것은 아니다."라는 사실을 아는 그들에게는 나날의 생활은 '안전 보장security'이라는 현상 유지를 위한 것이거나 현 상태를 더 악화시키지 않기 위한 노력일 뿐이었습니다. 그리고 '안전 보장'의 보호를 받고 있다고 믿고 일했던 성실한 사람들이 테러 사건의 희생자가 되었다는 사실은, 거기에 있다고 믿었던 '안전 보장'이 결코 견고한 것이 아니었다는 사실을 드러낸 것이었습니다.

한편 옴진리교에 귀의한 사람들은 "다들 그것을 하고 있을지도 모르지만, 나는 그것을 하고 싶지 않다."(『무라카미 하루키 잡문집』, 254쪽, 강조 원문)라며 '평범한' 생활을 거부한 사람들이었습니다. 하루키는 '평범한' 생활을 거부한 사람들이 옴진리교 같은 컬트 종교에서 도피처를 찾게 된 이유를 다음과 같이 말합니다.

> 문제는 사회의 메인 시스템에 'NO'를 외치는 사람들을 받아들일 수 있는 활력 있는 서브 시스템이 일본 사회에는 선택지로 존재하지 않았다는 점에 있다.
>
> 『무라카미 하루키 잡문집』, 254쪽

'메인 시스템', 즉 '안전 보장'에 의존해 만원 전철에 흔들리며 회사에 다니는 선택지 이외의 생활 방식이 너무 제한되어 있었다는 것이 옴진리교의 신자를 늘리고, 그 결과 테러 사건으로까지 발전시키고 말았다고 하루키는 생각합니다.

하루키는 고도성장기까지는 사회의 틀이라는 게 있었고 "사회에 자연스러운 치유력 같은 것이 있었"지만, 그것은 지금 "사회적 혼돈 속에서 흔들리며 쇠약해지고" 있고, 그 때문에 "옴진리교 사건은 일어나야 해서 일어났다는 점도 있다고 생각한다."(『꿈을 꾸기 위해 나는 매일 아침 눈을 뜹니다』, 125~126쪽)고 말합니다.

이렇게 보면 하루키가 생각하는 자유란, 사고와 행동을 제한하는 외부의 어떤 것으로부터 해방되거나 또는 떨어져 있다는 의미에서의 자유 외에 자신이 부자유하다는 사실을 깨닫고, 거기에서 거리를 두기 위한 행동이 가능하다는 자유도 의미한다고 볼 수 있습니다.

컬트 신자처럼 정신적 속박을 받는 사람들은 자신이 속박받고 있다는 실감이 거의 없는 법입니다. 현실적으로는 부자유한 상태에 있다는 사실을 자각하지 못하는 것이지요. 부자유함을 눈치채지 못한 사람들 중에는 '안전 보장'을 믿고 마치 전쟁터 같은 만원 전철에 흔들리며 정년까지 계속 일하는 사람들도 포함될지도 모릅니다.

하지만 거듭 말하자면, 그들이 테러의 희생자가 되었다는 사실은 그들이 믿었던 '안전 보장'이 취약한 것일 수밖에 없다는 것을 이야기하고 있습니다. 그리고 '메인 시스템'을 거부하며 아사하라라는 새로운 '안전 보장'에 의존했던 젊은이들에게도 역시 자유는 보장되지 않았습니다.

'활력 있는 서브 시스템'이 부족한 일본에서 하루키 자신은 기업 근무라는 '메인 시스템'에 기대지 않았습니다. 학창 시절부터 재즈바를 운영했고, 학생 때 결혼했으며 졸업 후에도 가게를 계속했습니다. 소설가로 살아가기로 결심한 이후에는 재즈바를 접고 집필에 전념합니다. 일본에서 '메인 시스템'에 기대지 않고 살아가는 어려움을 몸소 알고 있는 하루키이기에 쓸 수 있는 이야기를 썼습니다. 그리고 그 이야기에 스며든 그의 삶의 방식에 독자들은 매혹되는 것이겠지요.

2. 자유를 빼앗는 '나쁜 이야기'와 자유를 주는 '좋은 이야기'

'달걀'에서 보이는 세계를 그리다

지하철 사린 사건 직후, 교단 및 교단이 일으킨 사건에 관한 보도로 뉴스 대부분이 점유되었던 당시, 하루키는 아사하라 쇼코나 실행범들에 대한 정보량이 많은 것에 비해 피해자들 개개인의 목소리가 수렴되지 않는 것에 의문을 느낍니다. 그래서 하루키는 우선 사건으로 피해를 당한 사람들을 취재해 그들의 목소리를 발신했습니다. 『언더그라운드』에서 하루키는 다음과 같이 말합니다.

> 인터뷰 대상자의 개인적인 배경에 대한 취재에 많은 시간과 부분을 할애한 것은, '피해자' 한 사람 한 사람의 용모의 세부를 조금이라도 명확하고 생생하게 떠올리게 하고 싶었기 때문이다. 거기에 있는 생생한 인간을 '얼굴 없는 많은 피해자 중 한 사람(one of them)'으로 끝내고 싶지 않았기 때문이다. 직업적인 작가이기 때문일지도 모르지만 나는 '종합적인 개념적' 정보라는 것에는 그다지 흥미를 느낄 수 없다. 한 사람 한 사람 인간의 구체적인 ― 교환 불가능한(곤란한) ― 존재 방식에만 흥미를 느끼 수 있다. (중략) 그렇기에 제한된 두 시간 정도 동안 의식을 집중해서 '이 사람은 어떤 사람인가'라는 것을 깊고 구체적으로 이해하려고 노력했고, 그것을 독자에게 그대로의 형식으로 전하려고 문장으로 만드는 데 힘썼다.
> 『언더그라운드』, 27~28쪽

매스미디어는 사건 당시 지하철에 있었던 사람들을 '피해자'로 일괄 취급하여 보도했고, 옴진리교의 '악행'에 대한 보도에 많은 지면과 시간을 들였습니다. 실행범 한 사람 한 사람의 출신과 경력을 상세히 폭로했습니다. 그에 대해 하루키는 먼저 '피해자'로서 이름을 빼앗긴 사람들에게 개별적인 인간으로서 빛을 비추는 것이 소설가로서의 사명이라고 느꼈습니다.

> 일반 매스컴의 맥락이 피해자들을 '상처 입은 죄 없는 일반 시민'이라는 이미지로 철저히 고정하고 싶었기 때문일 것이다. (중략) 피해자들에게 리얼한 얼굴이 없는 편이 맥락의 전개는 편해지는 것이다. 그리고 '(얼굴 없는) 건전한 시민' 대 '얼굴 있는 악당들'이라는 고전적인 대비로 그림은 꽤나 쉽게 그려진다.
>
> 『언더그라운드』, 28쪽

> 가능하다면 나는 그 고정된 도식을 깨고 싶었다. 그날 아침, 지하철을 탔던 한 사람 한 사람의 승객에게는 분명 얼굴이 있고 생활이 있고 인생이 있고 가족이 있고 기쁨이 있고 트러블이 있고 드라마가 있고 모순이나 딜레마가 있으며, 그것들을 종합한 형태의 이야기가 있었을 것이기 때문이다. 그것은 곧 당신이며, 또 나이기도 하니까.
>
> 『언더그라운드』, 29쪽

하루키는 사건 피해자가 보도 방식에 의해 목소리를 빼앗기는 이중의 피해를 당하고 있다는 사실을 깨달았습니다. 피해자의 경험이나 피해 상황이 보도된다고 해도, 그것들은 사건의 참혹함과 교단의 죄를 강조하기 위한 목적을 위해 자의적으로 선택된 것이며, 반드시 피해자로 불리는 사람들에게 전하고 싶은 내용이 아닙니다.

하루키의 이 태도는, 2009년에 수상한 예루살렘상(이스라엘에서 최고의 문학상)의 수상 연설 〈벽과 달걀〉에서도 나타납니다. 이스라엘이 가자 지구에 대한 공격을 격화시키기 시작했던 당시, 시상식에 참가하는 것은 정치적으로 이스라엘 쪽을 지지하는 것과 동일하게 받아들여질 가능성이 있었습니다. 하루키는 고민 끝에 시상식에 참가했습니다. 그리고 참가한 이유를 수상 연설에서 다음과 같이 말했습니다.

I chose to see for myself rather than not to see. I chose to speak to you rather than to say nothing.

아무것도 보지 않는 것보다는 스스로의 눈으로 보는 것을 선택했습니다. 아무 말도 하지 않는 것보다는 여러분에게 말하는 것을 선택했습니다.

하루키는 자신의 눈으로 보고 소설가로서의 의견을 전하는 것으로 정했습니다. 그리고 연설의 핵심은 이렇습니다.

Between a high, solid wall and an egg that breaks against it, I will always stand on the side of the egg.

높고 견고한 벽과 거기에 부딪혀 깨지는 달걀이 있다면, 나는 항상 달걀 편에 설 것입니다.

연설의 이 부분은 많은 미디어에서 여러 번 인용했으며, 그 대부분은 '달걀'(팔레스타인)을 부수는 '벽'(이스라엘)을 비판한 연설로 보도했습니다. 하지만 이 한 문장이 포함하는 메시지는 그렇게 단순한 것이 아닙니다. 약자를 괴롭히는 일을 규탄하기 위한 것만은 아닙니다. 연설에는 이어지는 부분이 있습니다.

Yes, no matter how right the wall may be and how wrong the egg. I will stand with the egg. Someone else will have to decide what is right and what is wrong, perhaps time or history will reveal it. But if there was a novelist who, for whatever reason, wrote works with [the belief of] standing on the side of the wall, of what value would such works be?

그래요, 벽이 아무리 옳고 달걀이 아무리 틀렸더라도, 나는 달걀 편에 서겠습니다. 옳고 그름을 판단하는 것은 다른 누군가가 해야 할 일입니다. 아마도 시간이나 역사가 그것을 밝혀줄 것입니다. 그러나 벽 쪽에 서겠다는 믿음으로 글을 쓰는 소설가가 있었다면, 그런 작품에 어떤 가치가 있겠습니까?

하루키는 달걀이 틀렸더라도 달걀 편에 서는 것이 소설가의 역할이라고 말합니다. 그것은 달걀을 옹호하기 위해서가 아니라 <u>달걀 쪽에서 보이는 현실도 누군가는 전해야 한다고</u> 믿기 때문입니다.

정보 과잉의 시대라고 해도 정보는, 특히 영향력이 있는 정보는 강자가 만들고 발신하는 것입니다. 보도하는 측이 가해자든 피해자든 많은 경우 약자의 목소리는 수용되지 않습니다. 피해자나 피난민을 비추는 보도 매체가 있다 해도, 어떤 목소리를 발신할 것인가는 보도 기관에 맡겨집니다.

〈벽과 달걀〉의 비유로 치환한다면, 지하철 사린 사건의 피해자들은 달걀 측 사람들이었습니다. 그리고 벽 측에는 교단뿐만 아니라, 교단에 대해 보도하는 대형 미디어도 포함되어 있었습니다.

그 후 하루키는 사건 당시 교단에 있던 신자들과 인터뷰를 하여, 『약속된 장소에서』에 수록합니다. 사린 사건이나 기타 관련된 사건에 직접 관여한 사람들이 아니지만, 그들은 세상으로부터 일괄적으로 범죄자나 광신자로 취급당했습니다. 즉, 그들 역시 '달걀'이었던 것입니다.

하루키는 옴진리교와 관련된 일련의 사건에서 보인 흉악성과 교단의 방식에 잘못된 점이 있었음을 인정하고 있지만, 인터뷰에서는 가능한 한 사적인 감정을 개입시키지 않고 신자들의 목소리에 신중히 귀를 기울였습니다. 복수의 시점에서 사건을 바라봄으로써 진실을 더욱 깊이 알고자 한 것입니다.

설령 상대가 적이라 하더라도 목소리를 수집합니다. 그들의 목소리를 무시하고 교단 외부 사람들의 목소리만을 수집하면 편향이 생깁니다. 어떤 이유든 사람들의 불안이나 분노를 부추기는 사건은, '벽'과 '달걀'의 관계를 만들어냅니다. 그렇게 되면 벽 측 의견이 더 신뢰받기 쉬워지고, 달걀에 대한 의견도 벽 측 시점에서 다시 말해지게 됩니다. 이러한 '조작'에 대해 의식하는 것이 사건 취재에 불가결하다고 하루키는 판단했던 것입니다.

'나쁜 이야기'와 '좋은 이야기'

아사하라는 요가와 동양 신비 사상을 끌어와 "자연 지향을 바탕으로 한 신체성의 복권"을 주장했고, "가까운 미래에 아마겟[3](세계 최종 전쟁)의 도래"를 예측했고, "가상의 적으로 (중략) 일본과 미국과 프

---

[3] 신약 성서 「요한 계시록」에 나오는 말로, 세계 종말에 일어나는 악과 선의 마지막 싸움이 벌어지는 결전장.

리메이슨을 들었고", 화학 병기 사린을 생산하는 공장 설비를 만들었고, 러시아에서 무기를 구입했고, 신자들에게 러시아에서 사격 훈련을 받게 했다고 하루키는 말합니다(『무라카미 하루키 잡문집』, 255~256쪽). 한편 신자들은 "자아라는 귀중한 개인 자산을 아사하라라는 '정신 은행'의 대여 금고에 열쇠째 맡겨 버렸다."(『언더그라운드』, 748쪽)라고 합니다. 타인에게 자아를 맡기면 자신이 인생이나 삶의 방식에 대해 생각할 필요도 없고, 자아를 스스로 제어할 필요도 없어집니다. 그것은 기분 좋은 일입니다. 그런 의미에서 신자들은 "적극적으로 아사하라에게 제어되기를 원하고 있었다."(『언더그라운드』, 749쪽)라고 할 수 있습니다.

하루키는 지하철 사린 사건 조사를 통해 어떤 위기감을 느낍니다. 그것은 아사하라 쇼코도, 무라카미 하루키도 모두 "'이야기를 직업적으로 말하는 인종"(『언더그라운드』, 753쪽)이라는 점입니다. 그렇다고 해도 양자가 말하는 이야기에는 결정적인 차이가 있습니다. 아사하라가 말하는 이야기는 단순하여 상대에게 의문을 가지게 하지 않는 것이고, 하루키가 말하는 이야기는 복잡하여 상대에게 사고를 촉진하는 것입니다.

아사하라가 신자들에게 주었던 이야기에 대해 하루키는 다음과 같이 설명합니다.

그것은 꼭 세련되고 복잡하며 고급스러운 이야기일 필요는 없다. (중략) 오히려 조잡하고 단순한 편이 바람직하다. 더 말하자면, 가능한 한 정크^{junk}(잡동사니, 모조품)인 편이 좋을지도 모른다. 사람들 대부분은 복잡한, '그러면서도 동시에 이럴 수도 있다'는 종합적이고 중층적인 — 그리고 배신을 포함한 — 이야기를 받아들이는 데 이미 지쳐 있기 때문이다. 그런 표현의 다중화 속에서 자신을 둘 장소를 찾을 수 없게 되었기 때문에 바로 사람들은 기꺼이 자아를 내던지려고 하는 것이다.

『언더그라운드』, 751쪽

조잡하고 단순하며 정크였기 때문에 바로 아사하라의 이야기는 받아들여졌다고 하루키는 말합니다. 다면적으로 사물을 관찰하고 생각하는 것에 지친 사람들의 요구에 맞았다고 합니다. 그러나 시간을 들인 관찰과 사고에는 바로 선한 것이 숨어 있다고 하루키는 설명합니다.

대개의 경우, 선한 것은 이해하거나 소화하는 데 시간이 걸리며 번거롭고 지루한 경우가 많습니다. 하지만 '악한 이야기'는 대체로 단순화되어 있고, 사람 마음의 표면적인 층에 직접 호소해 옵니다. 논리가 생략되어 있으니 이야기가 빠르고 받아들이기 쉽습니다. 그러므로 지저분한 말을 사용하는 혐오 표현hate speech 쪽이 조리 있고, 훌륭한 연설보다 빠르게 귀에 들어옵니다.

『수리부엉이는 황혼에 날아오른다』, 126쪽

"이해하거나 소화하는 데 시간이 걸리며, 번거롭고 지루한" 이야기를 '좋은 이야기'라고 부르는 이유에 대해 다음과 같이 설명합니다.

내가 생각하기에, 이야기를 체험한다는 것은 타인의 신발에 발을 넣는 일입니다. 세상에는 다른 모양과 사이즈의 신발이 무수히 있습니다. 그리고 그 신발에 발을 넣음으로써 당신은 다른 누군가의 눈을 통해 세계를 보게 됩니다. 그렇게 좋은 이야기를 통해, 진지한 이야기를 통해 당신은 세계 속에 있는 뭔가를 서서히 배우게 됩니다.

『꿈을 꾸기 위해 매일 아침 나는 눈을 뜹니다』, 23쪽

"타인의 신발에 발을 넣기" 위해서는 익숙한 신발을 벗어야 합니다. 신어본 적이 없는 타인의 신발을 신음으로써 익숙한 풍경이 다르게 보이기 시작합니다. 지금까지 깨닫지 못했던 관점에 눈뜨게 됩니다. 왜 그런 작업이 필요한가. 하루키는 다음과 같이 말합니다.

자신들은 비교적 건강한 세계에 살고 있다고 모두 믿고 있습니다. 내가 시도하고 있는 것은, 그런 세계의 느끼는 방식이나 보는 방식을 흔드는 일입니다.

『꿈을 꾸기 위해 매일 아침 나는 눈을 뜹니다』, 166쪽

관점이 바뀌면, 지금까지 올바르다고 생각했던 신념이 꼭 그렇지만은 않을지도 모른다며 흔들리기 시작합니다. 타인에 대해 가지고 있던 인상이 바뀝니다. 신뢰하고 있던 생각이나 시스템, 또는 신뢰하지 않았던 생각이나 시스템에 대한 관점이 바뀝니다. 인간관계에 대한 관점이 바뀜으로써 거기에 속한 자신이라는 존재에 대한 이해도 바뀝니다.

이렇게 해서 관점을 복수화하고, 지금까지의 신념이나 선입견에 신선한 발견을 더해주는 것, 그것에 의해 세계에 대한, 그 세계에 속한 자신에 대한 이해를 깊게 해주는 것, 그것이 하루키가 말하는 '좋은 이야기'입니다. 즉, "시키는 대로 하라."며 사고를 제한하려고 하는 뭔가가 있어도, 폐색적인 사고의 습관이 '잘못'이라는 사실을 깨닫고 그것을 밀어내려고 하는, 그런 원동력을 주는 것이 '좋은 이야기'입니다.

소설을 읽음으로써 독자는 타인의 신발에 발을 넣고 관점을 복수화하지만 소설 속 등장인물도 역시 이야기의 모험을 통해 타인의 신

발을 신습니다. 그 과정의 중요성에 대해 하루키는 다음과 같이 말합니다.

> 대개의 경우, 내 책의 주인공은 그 사람에게 중요한 뭔가를 찾고 있습니다. (중략) [인용자 보충 : 그러나 모험 도중에] 찾고 있던 것이 의미를 잃게 되고, 목적에 도달하는 것이 그다지 중요하지 않게 됩니다. 하지만 이야기는 부정적인 것이 아닙니다. 이야기의 참된 의미는 찾으려는 그 과정, 즉 탐구의 움직임 속에 있기 때문입니다. 주인공은 처음과는 다른 사람이 되어 있습니다. 중요한 것은 그 점입니다.
>
> 『꿈을 꾸기 위해 매일 아침 나는 눈을 뜹니다』, 163쪽

하루키의 이야기에서 주인공들은 일종의 모험이나 여행을 떠납니다. 거기서 찾고 있던 것이 끝까지 발견되지 않거나, 발견되었어도 이미 잃어버린 것(죽은 것)임을 깨닫기도 합니다. 그런 결말이 개운치 않은 소화불량의 감각을 남겨 어떤 독자들을 멀어지게 하는 것은 사실입니다. 그러나 하루키는, 이야기의 역할이란 별세계를 통과시키는 것이라고 봅니다. 그것은 등장인물에게도 독자에게도 같습니다. 소설 속의 허구적인 인물의 관점으로 세계를 봄으로써 또는 등장인물이 모험이나 여행을 떠남으로써 일상으로부터 일시적으로 벗어남으로

써, "세계의 느끼는 방식이나 보는 방식을 흔든다."는 것입니다. 그 끝에 "처음과는 다른 사람이 되어 있다.", 즉 주인공도 독자도 성장하는 것입니다.

단순한 이원론의 숭배

옴진리교가 파괴의 길을 걷게 된 원인은, 아사하라 이야기의 특징에 있다고 하루키는 생각했습니다. 아사하라는 일본 사회를 정화하는 것을 교단의 사명으로 삼았습니다. 그렇게 하기 위해서는 신자들에게 자신들이 정의이고, 그 외부에 악이 있다는 구도를 믿게 할 필요가 있었습니다. 싸워야 할 악을 명확히 하지 않으면 자신들이 싸우는 의미를 증명할 수 없기 때문입니다.

옴진리교의 취약성은 마주해야 할 악을 계속 만들어내야 한다는 점에 있었습니다. 조직은 커지면 커질수록 유지하기가 어려워집니다. 신자 전원을 납득하게 할 수 있을 만큼 악의 존재를 계속 이야기해야만 합니다. 그리하여 가스미가세키로 향하는 지하철 내에서의 테러 공격을 실행하는 지경에 이르렀습니다. 내부의 정의와 외부의 악이라는 지나치게 단순한 이야기였기 때문에 받아들여지기 쉬웠고, 그 때문에 파괴적인 결과를 초래하게 되었습니다.

그러나 지나치게 단순한 이 이원론 숭배는 교단에만 국한된 이야기가 아닙니다. 교단을 상세히 조사한 하루키가 깨달은 것은 '이쪽' 매스미디어 또한 정의와 악의 이원론으로만 교단을 바라보았다는 사실입니다.

> 매스미디어의 기본 자세는 〈피해자 = 무구한 존재 = 정의〉라는 '이쪽'과 〈가해자 = 더럽혀진 존재 = 악〉이라는 '저쪽'을 대립시키는 것이었다. 그리고 '이쪽'의 포지션을 전제 조건으로 고정하고, 그것을 이를테면 지렛대의 받침점으로 사용하여 '저쪽'의 행위와 논리의 왜곡을 철저하게 세분화하여 분석하는 것이었다.
> 이러한 상호 유통성을 결여한 모멘트가 도달한 곳은, 왕왕 바짝 줄여져 패턴화된 논리이며 침체가 가져오는 무감각이다.
> 『언더그라운드』, 740쪽

매스미디어는 연일 교단과 관련자들에 대한 분석에 지면을 할애하는 한편, 미디어의 의견에 의문을 품지 않는 '이쪽'의 우리에 대해 돌아보는 관점은 갖지 않았습니다. 그러나 '저쪽'의 신자들은 원래 '이쪽'에 속했던 사람들이었으며, '이쪽'에는 찾고자 했던 '이야기'가 없었기 때문에 '저쪽'을 의지했던 것입니다. '저쪽'만 분석하는 것은 의미가 없고, 오히려 '이쪽' 또한 동일하게 분석해야 했던 것입니다. 이 '이쪽'의 문제를 없는 것으로 지나쳐버리는 자세야말로 문제의 근간을 이루고 있었다고 말할 수 있겠지요.

즉, 아사하라도 매스미디어도 마찬가지로 '조잡하고 단순한 이야기'로 신자나 시청자를 늘리고, 그들에게 단면적인 시각을 부추겼다고 할 수 있습니다. 이처럼 하루키가 옴진리교 사건에 대한 조사를 통해 호소하고자 했던 것은, 어느 한 교단에 의한 광기 어린 사건의 상세가 아니라 '저쪽'의 광기라고 말할 수 있는 것이 '이쪽'에도 있으며, 그것이 무엇보다 사고 정지를 부추기는 보도의 이면에 숨어 있다는 의미에서 옴진리교 문제는 일본 사회 전체의 문제라는 것이었습니다.

아사하라 매스미디어가 이용하는 이야기의 '악한 힘'에 맞서 하루키가 소설을 통해 전하려는 이야기의 '좋은 힘'이란 '복잡하고 중층적인 이야기'라고 합니다. 즉 성급한 판단을 부추기지 않고 상대를 멈춰 세워 생각하게 하는 이야기입니다. 누군가에게 결정을 맡기지 않고, 스스로가 관찰하고 분석하고 답을 내도록 이끄는 이야기입니다.

이야기의 '악한 힘'에 맞설 수 있는 것은 스스로 생각하는 의지입니다. 그 의지는 주어진 '정답'을 그대로 받아들이게 하지 않고, 자신의 눈으로 관찰하고 판단하게 합니다. 그것이 자유를 속박하려는 거대한 힘으로부터 자신을 지키는 수단이라고 하루키 문학은 전합니다.

곧바로 결론을 내리지 않는 것

독자에게 '타인의 신발'을 신게 하기 위해, 소설가로서 마음에 두고 있는 것을 하루키는 다음과 같이 말합니다.

소설가란 무엇인가, 라고 질문받았을 때 나는 대체로 늘 이렇게 대답한다. "소설가란 많이 관찰하고 거의 판단을 내리지 않는 것을 생업으로 삼는 인간입니다."라고.
왜 소설가는 많은 것을 관찰하지 않으면 안 되는가? 수많은 올바른 관찰이 없는 곳에, 수많은 올바른 묘사는 있을 수 없기 때문이다. (중략) 최종적인 판단을 내리는 것은 언제나 독자이지 작가가 아니기 때문이다.

『무라카미 하루키 잡문집』, 20~21쪽

"수많은 올바른 관찰이 없는 곳에, 수많은 올바른 묘사는 있을 수 없다." 하루키의 이 생각은 아사하라의 그것과 대조적이었습니다. 아사하라는 신자들에게 자기 눈으로 현실을 관찰하고 판단하는 것을 금하고 있었기 때문입니다. 하루키는 다음과 같이 말하기도 합니다.

좋은 이야기를 만들기 위해 소설가가 해야 할 일은, 아주 간단히 말하자면, 결론을 준비하는 것이 아니라 가설을 그저 정성스럽게 쌓아가는 것이다.

『무라카미 하루키 잡문집』, 21쪽

그리고 그 가설을 독자가 "개인적으로 알기 쉬운 형태로 재배열하는" 작업을 '판단'이라고 하루키는 말합니다. 즉 소설은 복수의 가설을 제시함으로써 독자에게 다각적으로 사물을 관찰하게 하고 생각하게 하는 것을 목적으로 한다는 것입니다. 다시 말하면 결론을 서두르게 하지 않습니다. 시간을 들여 관찰하게 하고, 생각하게 한다는 것입니다.

하루키가 소설의 역할을 계속 믿는 이유는 여기에 있겠지요. 진정으로 개인을 지킬 수 있는 것은 개인의 관찰력과 판단력, 그리고 타인에게 맡기지 않고 스스로 현실을 꿰뚫어 보려고 하는 의지와 스스로 자신의 인생을 떠맡을 각오 — 그런 하루키의 신념이 여기에 드러나 있습니다.

현대 사회에서는 SNS나 정보 미디어의 발전으로 결론을 순간적으로 손에 넣을 수 있는 환경이 만들어지고 있습니다. 그러나 이렇게 해서 얻어지는 결론은 대부분 정보를 부분적으로 '잘라낸' 것에 지나지 않습니다. 전체상을 조감하여 파악하기 위한 '수고'를 생략하고,

부분적인 정보만을 바탕으로 전체에 대한 판단을 내리고 있어서 결론이나 판단이 정확하지 않게 되어버립니다. 그럼에도 많은 사람이 결론을 서두르고, 시간을 들여 조사하거나 관찰하는 것을 귀찮게 여기며 기성의 진실에 의존해버립니다. 이러한 경향은 현대 사회에 사고의 나태함이라고도 할 수 있는 문제를 부각시킵니다.

차분히 관찰하고 생각하는 것이 습관이 된다면, 관찰하고 생각하는 자기 자신에 대한 신뢰감은 높아집니다. 답을 제시하는 것에 대해 신중함을 갖고 마주하고, 그것이 정말로 올바른 것인지 아닌지를 꿰뚫어 보며 수고를 아끼지 않게 됩니다. 그 상태에서 하루키는 일종의 자유로움을 보고 있다고 생각할 수 있습니다.

소설의 역할에 대해 하루키는 다음과 같이 말하기도 합니다.

> 가설의 향방을 결정하는 것은 독자이지 작가가 아니다. 이야기는 바람이다. 흔들리는 것이 있어 비로소 바람은 눈에 보이는 것이 된다.
>
> 『무라카미 하루키 잡문집』, 23쪽

바람은 눈에 보이지 않습니다. 자신이 흔들리고 있다는 것을 깨달아야 비로소 바람이 불고 있다는 사실을 깨닫습니다. 하루키의 이야기에 공감하는 세계 각지의 독자들은 이야기에 흔들리고 있는 자신을 깨닫는 것으로, 하루키 이야기의 '좋은 힘'을 깨닫습니다. 그것은 아사하라가 신자에게 준 이야기처럼 관점을 고정시키는 것이 아닙니다. 지금까지의 신념을 흔듦으로써 올바르거나 의심할 수 없다고 인식되고 있던 것의 불확실성을 깨닫게 합니다.

거기서 〈판단하는 자신〉이 탄생합니다. "당신은 이런 인간입니다."라고 자기 대신 정의해주는 존재에 의지하는 것을 그만두고, 〈관찰하는 자신〉에 대한 신뢰를 높입니다. 바로 거기에 자유가 있다는 것을, 하루키는 독자에게 깨닫게 하려고 합니다.

사춘기에 소설을 읽지 않았다

하루키는 어느 에세이에서, 이야기의 '좋은 힘'을 실제로 체험한 독자의 이야기를 소개했습니다. 그 남성은 옴진리교와는 다른 어느 큰 컬트 종교에 입신하여 외부로부터 차단된 생활을 강요당하고 있었습니다. 하지만 오랜 시간을 들여 그 정신적 속박에서 벗어납니다. 이후 남성은 하루키에게 편지를 보내, 소설을 읽는 것이 금지된 교단 내에서 몰래 숨겨 두고 있던 『세계의 끝과 하드보일드 원더랜드』(1985)를 들키지 않으려고 매일 계속 읽었다고 이야기합니다.

왜 매일 매달리듯이 그 소설을 읽었는가, 왜 지시받은 대로 그것을 버려버리지 않았는가, 그것은 그도 잘 설명할 수가 없었다. 그러나 만약 그 책을 계속 읽지 않았다면, 거기에서 제대로 빠져나올 수 있었을지 모르겠다고 그는 썼다.
그것은 소설가인 나에게 중요한 의미를 지닌 편지였다.

『무라카미 하루키 잡문집』, 31쪽

이 남성의 에피소드는, 아사하라가 신자들에게 준 폐색감이 강한 이야기에 맞서는 효력을 하루키의 이야기가 갖고 있었음을 시사하고 있습니다. "많이 관찰하고 거의 판단을 내리지 않는다."는 것을 마음에 두는 작가의 소설을 통해 정신적으로 속박된 남성이 외부 세계와의 연결을 조금이라도 유지할 수 있었던 것입니다. 대조적으로 옴진리교 신자들은 공통으로 소설을 읽은 경험을 해오지 않았다는 것을, 하루키는 인터뷰를 통해 깨닫습니다.

나는 그들 모두에게 하나의 공통된 질문을 했다. "당신은 사춘기에 소설을 열심히 읽었습니까?" 답은 거의 정해져 있었다. 아니요이다. 그들 대부분은 소설에 흥미를 갖지 않았고, 불편함까지 느끼고 있는 것 같았다.

『무라카미 하루키 잡문집』, 256~257쪽

신자들은 소설 같은 픽션을 통해 현실을 다각적으로 파악하는 경험이 부족했기 때문에 아사하라가 말하는 이야기가 허구인지 어떤지를 판단할 수 없었습니다. 그 결과 그들은 그것을 진실로 받아들이고, 이야기 속으로 끌려 들어갔던 것입니다.

이 사례는 소설을 읽는 행위가 개인에게 다각적인 사고와 비판적인 관점을 키우는 힘을 갖고 있음을 보여줍니다. 그것은 폐색적이고 일방적인 이야기가 강요되었을 때, 그것에 대항하기 위한 중요한 원동력이 되는 것입니다.

이러한 관점을 바탕으로 무라카미 하루키 작품을 다시 읽어보면, 지금까지 난해하다고 느꼈던 이야기가 마치 자유에 대해 유머를 듬뿍 담아 해설한 책처럼 느껴지게 되겠지요. 하루키 이야기가 지닌 심오함과 매력이, 자유의 본질을 찾는 여행으로서 새로운 모습을 드러낼지도 모릅니다.

『태엽 감는 새 연대기』의 와타야 노보루

하루키는 소설을 쓸 때 자기 내면에 있는 메시지, 즉 이야기를 꺼낸다고 말합니다. 밖으로 찾아 나서는 것이 아니라 자기 내면으로 향한다는 자세는, 이야기의 착한 힘을 말하는 자로서 중요한 의미를 지니고 있습니다. 그것은 관찰하고 판단하는 자신에 대한 신뢰를 키워주기 때문입니다. 하루키는 이를 '자기 치료적인 행위'라고 표현합니다.

> 소설을 쓴다는 것은 (중략) 많은 부분에서 자기 치료적인 행위라고 저는 생각합니다. '어떤 메시지가 있어서 그것을 소설로 쓰는' 분도 계실지도 모르지만, (중략) 저는 오히려 자신 안에 어떤 메시지가 있는지를 찾아내기 위해 소설을 쓰고 있는 것 같습니다. 이야기를 쓰는 과정에서 그런 메시지가 어둠 속에서 툭 튀어나오는—.
> 『무라카미 하루키, 가와이 하야오를 만나러 가다』, 79~80쪽

자기 내면에 있는 메시지를 찾아냄으로써 메시지를 갖고 있다는 자신을 깨달을 수 있습니다. '갖고 있다'는 것을 깨달음으로써, 사람은 자기 긍정감을 높일 수 있습니다. 이는 자기 치료적인 효과 중 하나라고 말할 수 있습니다.

반대로 자기 내면에는 메시지 따위 '없다'고 믿으며 살아가는 사람에게는, 내면으로 메시지를 찾으러 가려는 의지는 자라지 않습니다. 그 대신 자신에게 메시지를 줄 수 있는 사람을 찾으러 외부로 갑니다. 이는 옴진리교를 의지하며 사고할 의지를 버린 젊은이들의 예에서 나타납니다.

또한 '가스미가세키'라는 '적'을 계속 상상함으로써, 자신들의 존재

의의를 계속 증명하려고 한 옴진리교 역시 자신들의 존재 의의를 '적'에게 의존하고 있었다는 점에서, 내면에서 찾아야 할 메시지 따위 '없다'는 자기 부정감을 내포하고 있었다고 말할 수 있습니다.

하루키는 소설을 씀으로써 자기 내면에 있는 메시지를 꺼내는 '자유'를 체현하고 있습니다. 내면의 메시지에 다가간다는 것은, 내면으로 도피하는 것과 같은 뜻이 아닙니다. 오히려 자신의 살기 어려움을 외부의 책임으로 전가하려는 태도에 대한 대항이기도 합니다. 타인이나 환경을 바꾸려고 손을 씀으로써, 피해자로서의 입장에 안주하고 자신의 책임을 회피할 수도 있습니다. 하지만 어떠한 입장에서도 의존을 전제로 한 관계는 언제나 취약함을 안고 있습니다. 외부를 비난하는 행위는 외부로의 도피와 표리일체인 것입니다.

내면과 마주하는 것의 소중함을 하루키는 지금까지 많은 작품을 통해 전하고 있습니다만, 대조적으로 외향적으로 살아가는 공허한 인물을 묘사함으로써 경종도 울리고 있습니다. 예를 들어 『태엽 감는 새 연대기』(1994)의 와타야 노보루가 알기 쉬운 예입니다.

와타야 노보루는 주인공이 경원하는 인물로 등장합니다. 그는 주인공의 아내 구미코의 오빠로, 도쿄대를 졸업한 후 미국의 대학에 진학하고 일본에 돌아온 후에는 경제학자로서 텔레비전에도 빈번히 출연하는 유명인사입니다. 주인공은 와타야 노보루를 다음과 같이 묘사합니다.

> 그는 짧은 말로, 짧은 시간 동안 상대를 효과적으로 때려눕힐 수 있었다. (중략) 하지만 주의해서 그의 의견을 듣고, 그가 쓴 글을 읽으면 거기에 일관성이 결여되어 있다는 것을 잘 알 수 있었다. 그는 깊은 신념에 기반한 세계관을 갖고 있지 않았다.
>
> 『태엽 감는 새 연대기』 제1부, 166쪽

와타야 노보루는 '일관성'도 '깊은 신념에 기반한 세계관'도 없는 엘리트 대학 출신자로, 텔레비전의 논평자로서 날마다 많은 시청자에게 영향을 끼치고 있습니다. 그는 가족에게 상처를 입히고, 창부로 산 여성에게 몸이 둘로 갈라지는 듯한(신체적으로·정신적으로·상징적으로) 무서운 고통을 주는 남자로 등장합니다.

자신의 높은 능력을, 상대를 때려눕히는 데 이용하는 인간의 무서움과 그런 인간이 영향력을 갖는 사회에 대한 위기감에 대해 소설은 여러 번 언급하지만, 와타야 노보루를 키운 부모에 대한 묘사도 마찬가지로 독자에게 위기감을 느끼게 합니다. 다음은 주인공이 와타야 노보루의 아버지와 어머니에 대해 이야기하는 장면입니다.

결혼하고 얼마 되지 않았을 무렵, 나는 장인의 입으로 직접 그 이야기를 들은 적이 있다. 인간은 원래 평등 따위로 만들어지지 않았다, 하고 그는 말했다. '인간이 평등하다는 것은, 학교에서 표면상의 방침으로 가르치는 것일 뿐이고, 그런 것은 그저 잠꼬대일 뿐이다. 일본이라는 나라는 구조적으로 민주 국가이기는 하지만, 동시에 그것은 치열한 약육강식의 계급사회여서 엘리트가 되지 않으면 이 나라에서 살아가는 의미 따위는 거의 아무것도 없다. 그저 맷돌 속에서 천천히 갈려 으깨질 뿐이다. 그래서 사람은 한 단이라도 높은 사다리를 오르려고 한다. 그것은 극히 건전한 욕망이다. 사람들이 만약 그 욕망을 잃게 되면, 이 나라는 멸망할 수밖에 없을 것이다. 나는 장인의 그런 의견에 대해 특별히 아무 감상도 말하지 않았다. 게다가 그는 나의 의견이나 감상을 바라고 있었던 것도 아니다. 그는 앞으로 영원히 바뀌지 않을 자신의 신념을 토로했을 뿐이다.

『태엽 감는 새 연대기』 제1부, 159~160쪽, 밑줄 인용자

아버지와는 대조적으로 어머니는 남편의 의견을 차용하는 습관을 가진 인물로 묘사됩니다.

어머니 쪽은 도쿄의 높은 지대에 있는 고급 주택지에서 아무런 부족

함이 없이 자란 고급 관료의 딸로, 남편의 의견에 맞설 수 있는 의견도 인격도 갖추고 있지 않았다. 내가 본 한에서, 그녀는 자기 눈에 보이는 범위를 넘는 사물에 대해서는 (실제로 그녀는 심한 근시였다) 아무런 의견도 갖고 있지 않았다. 그 이상의 넓은 세계에 대해 자신의 의견을 가질 필요가 있을 때, 그녀는 언제나 남편의 의견을 차용했다. 혹시라도 그것뿐이라면 그녀는 누구에게도 폐를 끼치지 않았을지도 모른다. 하지만 그녀의 결점은, 그런 타입의 여성이 흔히 그러하듯이 어쩔 도리가 없을 만큼 허영심이 강하다는 점이었다. <u>자신의 가치관을 갖지 않기 때문에 타인의 기준이나 관점을 빌려오지 않으면 자신이 서 있는 위치를 제대로 파악하지 못한다. 그 두뇌를 지배하고 있는 것은 '자신이 타인의 눈에 어떻게 비치는가'라는, 단지 그것뿐이다.</u> 그리하여 그녀는 남편의 관청 내 지위와 아들의 학력 외에는 눈에 들어오지 않는 편협하고 신경질적인 여자가 되었다.

『태엽 감는 새 연대기』 제1부, 160쪽, 밑줄 인용자

와타야에 대한 묘사는 왜 단면적인가

계급사회의 위에 서지 않으면 살아 있는 의미가 없다고 생각하는 아버지, 자신의 의견을 갖지 않고 타인의 의견을 차용하여 타인의 기준이나 관점에 의지하여 살아가는 어머니, 이 두 사람에게 길러진 사

람이 와타야 노보루입니다.

타인의 의견에 의존하는 어머니의 의존 체질은 명백하지만, 경쟁을 뚫고 나아감으로써만 삶의 의미를 느낄 수 있는 아버지 또한 의존 체질이라고 말할 수 있습니다. 그것은 타인과의 비교로만 자신의 가치를 측정할 수 있는 경쟁이라는 삶의 방식이기 때문입니다. 이 두 사람에게 길러진 와타야 노보루 또한 자신의 사상을 깊게 하는 것보다 '짧은 시간 동안 상대를 효과적으로 때려눕히는 것'을 통해 자신의 존재 의의를 실감하는 외향적인 삶을 체현하고 있습니다. 그의 여동생이자 주인공의 아내인 구미코는 아버지나 오빠와 같은 공격성은 갖고 있지 않지만, 정신에 큰 결함을 안고 있는 불안정한 어른으로 성장하여 주인공과의 결혼도 지속할 수 없게 됩니다.

이처럼 하루키 작품에는 자신의 사상이나 신념을 깊게 하려 하지 않고, 누군가의 의견을 차용하거나 경쟁 사회라는 사회 구조에 의존하는 삶에 의문을 품지 않는 인물들이 뭔가 결함을 안은 인물이나 타인에게 심한 상처를 주는 취약한 인물로 그려집니다. 그들의 삶의 방식을 해석해 보면, 표면적으로는 권력이나 권위 쪽에 서 있는 것처럼 보여도 실상은 내면의 공허함을 외부에 대한 의존으로 메우고 있다는 것을 알 수 있습니다.

하루키 작품에 대해, 와타야 노보루처럼 알기 쉬운 '악역'의 묘사가 너무 단면적이라는 비판도 있습니다. 한편 하루키는 어느 인터뷰에서 와타야 노보루의 묘사가 표면적이라는 지적을 받고 다음과 같이 설명합니다.

> (앞부분 생략) 와타야 노보루의 모습은 당신이 말한 것처럼 얕고 표면적입니다. 하지만 그의 의견은 얕고 표면적이기 때문에 그 전달 속도는 빠르고, 그 영향은 극히 실용적입니다. 제가 그를 묘사함으로써 독자에게 전하고 싶었던 것은, 그런 레토릭을 무기로 삼는 현대 미디어 검투사들이 우리 사회에, 혹은 우리 정신에 미치는 위험성이며, 수면 아래에서 행사되는 비인간적인 잔혹함입니다. 우리는 나날의 생활에서 그런 사람들이 주변을 빙 둘러싸고 있는 상황에 살아가고 있다고 해도 좋을 정도입니다. 우리가 자신의 의견이라고 여기는 것의 대부분은, 잘 생각해보면 그들의 의견을 단지 그대로 받아 옮긴 것에 불과한 일이 종종 있습니다. 마음이 허전해지는 이야기지만 대부분의 경우 우리는 미디어를 통해 세계를 바라보고 미디어의 말을 사용해 말하고 있는 것입니다.
> 『꿈을 꾸기 위해 매일 아침 나는 눈을 뜹니다』, 384쪽

표면적인 의견일수록 전달 속도가 빠르고 영향력도 크다는 것은,

아사하라 쇼코의 이야기가 단순하기 때문에 많은 젊은이를 매혹시켰다는 사실을 떠올리게 합니다. 마찬가지로 아사하라 쇼코나 옴진리교를 단순한 선악의 이원론 구조로 끝까지 말하려 한 대형 미디어의 천박함도 거기에 해당하겠지요.

또한 하루키가 문제로 삼는 것은 '와타야 노보루'적인 정보 발신자뿐만 아니라 외부로부터 들어온 정보와 자신의 의견을 비교하지도 않고 정론이라 받아들이고 마는 시청자입니다. 그들은 자신의 의견이라고 여기는 것이 타인의 의견을 앵무새처럼 되풀이한 것일 가능성을 깨달으려 하지 않습니다. 자신도 알지 못하는 사이에 "미디어를 통해 세계를 바라보고 미디어의 말을 사용해 말하며", 미디어에 유리한 인물로 자신을 형성해갑니다. 그리고 와타야 노보루의 어머니처럼 "자신의 가치관을 갖지 않기 때문에 타인의 기준이나 관점을 빌려오지 않으면 자신이 서 있는 위치를 제대로 파악할 수 없"는 인간이 되는 것입니다.

아사하라 쇼코든 '현대 미디어 검투사'든 그들의 이야기에 청자(聽者)가 있기 때문에 영향력을 가집니다. '나쁜 이야기'의 화자만을 배제해도 무엇이 '나쁜 이야기'인지 판단할 수 없는 청자가 있는 한 그들은 '나쁜 이야기'의 화자를 계속 찾습니다. 자신들의 안심을 위해서입니다. '와타야 노보루'적인 인물 묘사가 단면적이라는 것에는 이처럼 하루키의 확고한 의도가 있는 것입니다. 공교롭게도 『태엽 감는 새 연대기』를 발표한 1994년 이듬해에 지하철 사린 사건이 일어났습니다. 하루키가 우려했던 위기감이 현실에서 체험된 것입니다.

중층적인 이야기를 발신함으로써 독자에게 사고할 여백을 계속해서 주는 것, 여기에 하루키의 출발점이 있습니다.

3. 기호화라는 폭력 — 『애프터 다크』

중국인 창부인가, 중화요리인가

하루키가 자유로워지고자 하는 개인을 계속해서 그려내는 이유는 자유를 제한하는 사회를 분명히 의식하고 있기 때문이겠지요. 자유롭게 살기를 바란다면 사회가 어떻게 개인의 자유를 얽매고 있는지를 명확히 이해해야 합니다. 『애프터 다크』(2004)에서 하루키는 개인을 역할로 기호화함으로써 개별성을 부정하려는 현대 사회의 문제를, 밤의 도쿄를 배경으로 그립니다.

19세의 마리는 심야 패밀리 레스토랑에서 혼자 밤을 새우려고 독서를 하고 있습니다. 그 근처에서 밴드 연습을 하던 다카하시라는 대학생이 쉬러 들렀다가 과거 그룹 데이트에서 함께였던 마리를 알아보고 잠시 대화를 나눕니다. 다카하시가 떠난 뒤 얼마 지나지 않아, 다카하시가 일했던 러브호텔의 종업원인 가오루라는 여성이 마리의 테이블로 와서, 다카하시에게 마리가 중국어를 할 줄 안다고 들었는데 호텔에 일본어를 하지 못하는 중국인 손님이 있어 어려움을 겪고 있으니 도와주었으면 좋겠다고 말합니다.

가오루를 따라 호텔로 가자 거기에는 손님에게 맞아 얼굴이 부어오른 중국인 소녀가 있습니다. 그녀는 마리와 동갑내기인 창부였습니다. 중국의 성매매 조직에 의해 일본으로 보내져, 조직의 지시에 따라 강제적으로 호텔에서 손님을 받아야 하는 날이 이어지고 있었습니다. 그날은 호텔에서 중국인 소녀가 생리 시작인 사실을 알게 된 손님이 격분해 그녀의 얼굴에 상처가 남을 정도로 폭력을 휘두르고, 소녀가 지니고 있던 물건과 소지품을 모두 가져갔다고 합니다.

그 손님은 근처 회사에서 야근 중이었던 샐러리맨 시라카와였습니다. 평소에는 우수한 종업원이자 가족을 아끼는 유부남인 시라카와는 호텔을 떠난 뒤 아무 일도 없었던 것처럼 회사로 돌아가 컴퓨터 시스템 작업을 합니다. 그의 손등에는 그 소녀를 때렸을 때의 통증이 남아 있습니다.

시라카와의 냉혹함은 예컨대 다음 대화에서도 드러납니다. 야근 중인 그를 걱정하여 전화를 걸어온 아내와의 대화입니다. 저녁에 뭘 먹었느냐고 아내가 묻습니다.

"야식으로 뭘 먹었느냐고 물었어."
"아, 중화요리. 늘 똑같지 뭐. 속이 든든하거든."
"맛있었어?"
"아니……, 그렇지도 않았어."

『애프터 다크』, 122~123쪽

    중국인 창부를 사는 행위를 '중화요리를 먹는다'고 바꿔 말하며, 그 이유를 '속이 든든하다'라고 설명합니다. 먹고 싶어서 먹은 게 아니라 편리해서 먹었을 뿐이라는 뜻입니다. 그리고 아내가 맛있었느냐고 묻자 "그렇지도 않았어."라고 대답하는 시라카와가 평소 창부인 여성을 어떻게 대하고 있는지를 상상할 수 있겠지요.

    시라카와에게 창부인 여성은 기호로서의 역할밖에 갖고 있지 않고, 기호로서의 여성이 얼굴에 상처가 남을 만큼 심하게 맞아도 아무 문제가 없습니다. 기호의 대체재는 얼마든지 있기 때문입니다.

    상대를 기호화해서 바라보면 사람은 그 대상을 교환가능하고 체온을 결여한 무기질한 존재로 다룰 수 있습니다. 거기에 인간의 존엄성은 없습니다. 우리가 닭튀김을 먹을 때, 닭이 살아 있었을 때 모습을 상상하며 생명의 존엄성에 대해 생각하지 않듯이 인간도 기호화되면 역할로서의 존재 의의밖에 인정받지 못하게 됩니다.

시라카와의 냉혹함이 두드러진 것은, 그가 소녀에게 신체적 폭력을 행사했을 뿐만 아니라 살아 있는 여성을 '중화요리'로 기호화함으로써 인간으로서 그녀의 고유성과 존엄을 부정하는 '의식의 폭력'을 가했기 때문입니다.

깊은 감정을 가져서는 안 되는 도시

심야의 도쿄를 배경으로 한 『애프터 다크』에는 기호화된 존재, 즉 고유성을 빼앗긴 존재들이 넘쳐납니다. 무수한 빌딩, 번화가의 네온사인, 힙합을 틀어놓은 상점 앞의 스피커, 게임센터, 요란한 전자음, 미팅하고 돌아가는 대학생 그룹, 미니스커트의 금발 소녀들, 막차를 향해 서두르는 샐러리맨들, 노래방의 호객 행위, 순찰 중인 경찰 등 우리가 '심야의 도쿄'라는 말을 들었을 때 무의식적으로 떠올리는 무기질적 아이콘을 하루키는 군이 소설에 흩뿌려 놓습니다.

마리가 밤을 보내는 패밀리 레스토랑 '데니즈'는 "가게는 어느 곳을 보더라도 교환 가능한 익명적 사물에 의해 성립되고 있다."고 묘사됩니다만, 도시 자체가 어디를 둘러봐도 '교환 가능한 익명적 사물'로 구성되어 있습니다. 그것을 상징하는 것이 가오루가 일하는 러브호텔의 이름인 '알파빌'입니다.

마리는 호텔 간판을 보고 장뤽 고다르의 동명 프랑스 영화 〈알파빌〉을 떠올리며, 영화 속 알파빌이라는 도시의 모습을 가오루에게 설명합니다.

"예를 들어 알파빌에서는 눈물을 흘리며 우는 사람이 체포되어 공개 처형당해요."
"왜?"
"알파빌에서는 사람이 깊은 감정 같은 것을 가져서는 안 되니까요. 그래서 거기에는 정애 같은 게 없어요. 모순도 아이러니도 없고요. 모든 것이 수식을 이용해 집중적으로 처리되거든요."

『애프터 다크』, 88~89쪽

영화 〈알파빌〉에서는 인간을 포함한 모든 존재가 기호로서 "수식을 이용해 집중적으로 처리"되며, '깊은 감정'이나 '정애' 같은 감정은 금지됩니다. '깊은 감정'이나 '정애' 같은 색정이 있는 감정은 인간을 역할로만 바라보는 냉정함을 무너뜨리기 때문입니다.

기호화된 인간은 그 기호로서의 역할을 수행할 수 있을 때만 가치가 인정됩니다. 특히 도시에서는 효율성을 극대화하려는 의식이 강하고, 그 때문에 우리는 모든 장면에서 기호로서 살아가는 선택을 요구받고, 또 그런 방식으로 살아가고 있다는 사실조차 자각하지 못한 채 실천하고 있는 경우가 많습니다.

이 사회에서 기호화되는 것은 창부만이 아닙니다. 기업에 다니면 균질적인 노동자일 것이 기대되고, 효율성을 방해할 가능성이 있는 고유성은 꺼려집니다. 자본주의 사회에서 살아가기 위해서는 누구나 신분이라는 기호를 떠안고, 그 역할을 수행하지 않으면 안 됩니다. 시라카와의 냉혹함은 맥락만 바꾸면 이 사회에 사는 누구나 발휘하는 냉혹함이기도 합니다.

기호화를 거부한 언니 에리

마리에게는 에리라는 언니가 있는데 다카하시와는 고등학교 동창입니다. 마리에 따르면 마리와 에리는 대조적입니다. 어린 시절부터 두 사람은 부모에게 각각의 역할을 기대받으며 자랐습니다. 얼굴이 예쁜 에리와 총명한 마리. 에리는 자신의 아름다움을 유지하며 성장할 것을 기대받았고, 어릴 적부터 잡지와 광고 모델로 활약했습니다. 한편 에리만큼의 외모를 갖고 있지 못한 마리는 학업 면에서 기대를 받으며 자랐지만, 초등학교 때 등교를 거부한 뒤에는 성적에 엄격하지 않은 중국계 학교로 전학했고, 부모의 기대에 부응하지 못하게 된 자신에 대한 자신감을 잃게 됩니다. "언니는 감수성이 풍부한 백설공주이고 나는 튼튼한 염소 치는 소녀"(『애프터 다크』, 173~174쪽)라며 마리는 자신과 언니의 대조성을 강조합니다.

표면적으로 에리는 순조롭게 살아가는 것처럼 보이지만 어느 날을 기점으로 계속 잠만 자게 됩니다. 마리에 따르면 에리는 두 달 전 자신은 한동안 자겠다고 가족에게 선언하고, 그 후 침대에 드러누운 채 깨어나지 않게 되었다는 것입니다.

다카하시는 과거 에리와 만났던 때를 떠올리며, 에리는 자신과는 반대로 자유롭게 살아가는 동생 마리에게 콤플렉스를 느끼고 있는 인상을 가졌다고 이야기합니다. 언뜻 보기에 부모의 기대에 부응하는 능숙한 언니이지만, 부모의 의견보다 자신의 의견을 중시하는 마리의 삶의 방식이 부러웠던 것 아니냐는 것입니다. 다카하시는 계속 말합니다.

> [인용자 보충: 에리는] 부여받은 역할을 소화해내고 주변을 만족시키는 일이 어릴 때부터 그녀의 일처럼 되었어. 네 말을 빌리자면 그녀는 훌륭한 백설공주가 되려고 노력해온 거지.

잠깐 생각해봤는데 이런 식으로 생각해보면 어떨까? 그러니까 네 언나는 어딘지 알 수는 없지만 다른 '알파빌' 같은 곳에 있고, 누군가로부터 의미 없는 폭력을 당하고 있어. 그리고 무언의 비명을 지르며, 보이지 않는 피를 흘리고 있지.

『애프터 다크』, 189~-192쪽

다카하시는, 에리가 부모와 주변의 기대에 따라 '아름다운 딸'이라는 역할을 계속 수행한 결과 그 틀에서 벗어날 수 없게 되었고, '알파빌'에 사는 듯한 답답함을 지닌 삶이 되어버린 게 아닐까 하는 겁니다. 그렇게 생각하면 에리가 계속 잠들어 있음으로써 지금까지의 삶의 방식에서 도피하려 하고 있다고 추측할 수 있습니다. 하지만 속박으로부터의 해방만으로 자유는 실현되지 않고 주체적으로 살아갈 의지를 필요로 하는 것처럼 에리는 자는 것만으로 자유를 획득할 수 없습니다.

에리의 수동성이 비유적으로 드러나는 것은, 중국인 창부에게 폭력을 휘두른 시라카와가 잠든 에리의 침대 앞에 앉아 그녀를 응시하고 있는 장면입니다. 이 모습은 텔레비전 화면에 비침으로써 이 공간이 일종의 현실로부터 분리된 이계(異界)임이 암시됩니다. 즉, 시라카와가 실제로 에리의 방에 침입했다기보다는 일종의 이계에서 에리가 비유적으로 시라카와(혹은 시라카와 같은 존재)에 의해 감시당하고 있다는 것입니다. 다카하시가 말한 것처럼 에리는 "다른 알파빌 같은 곳에 있고, 누군가로부터 의미 없는 폭력을 당하고 있는" 것입니다.

에리와 시라카와가 현실적으로 접점이 있다기보다는, 시라카와 같은 인간을 기호화하는 폭력 장치(그 자신도 작중에서 폭력 장치로 기호화되고 있습니다)와 에리 같은 기호화된 폭력의 피해자 구도를 비유적으로 표현한 장면이라고 해석할 수 있습니다.

에리를 피해자로 만든 원인, 즉 수동성이라는 취약성을 부여한 원인은 에리가 기호화되어 살아가는 모습을 계속 받아들인 데에 있습니다. 거기서 벗어나기 위해서는 에리가 자신을 부자유하게 만들고 있는 구조를 깨닫고, 스스로 관찰하고, 판단하고, 선택하는 주체성을 바탕으로 한 자유를 발동하는 수밖에 없습니다.

인간의 이름과 얼굴을 빼앗는 거대한 문어

기호화라는 폭력이 발동하는 장소는 어디에나 있습니다. 그리고 가해자와 비가해자 사이의 경계선은 희미합니다. 그래서 우리는 언제든 그 경계를 넘을 가능성이 있습니다. 그 가능성을 알기 쉽게 설명해주는 것은 다음과 같은 장면입니다.

법학부에 다니는 다카하시는 재판을 방청한 경험이 있습니다. 처음에는 법정에 서는 범죄자와 자신이 사는 세계 사이에 '높은 벽'이 있다고 믿습니다. 하지만 법원에 여러 번 다니는 중에 다카하시는 그 '벽'이 불확실하다고 느끼게 됩니다. "두 세계를 가르는 벽 같은 것은 실제로 존재하지 않을지도 모른다."라고 생각하게 된 것입니다.

  다카하시는 그때 상황을 마리에게 설명합니다.

"(중략) 재판이라는 제도 자체가 내 눈에는 하나의 특수하고 이질적인 생명체처럼 보이게 되었어."
"이질적인 생명체?"
"예를 들어, 그렇지, 문어 같은 거야. 깊은 바닷속에 사는 거대한 문어. 강력한 생명력을 지녔고, 수많은 긴 다리를 꿈틀거리며 어두운 바닷속 어딘가로 나아가지. 나는 재판을 방청하면서 그런 생물의 모습을 상상하지 않을 수 없었어. <u>그 녀석은 여러 형태를 취해. 국가라는 형태를 취하기도 하고 법률이라는 형태를 취하기도 하지. 더 까다롭고 더 성가신 형태를 취하기도 해. 자르고 또 잘라도 다시 다리가 돋아나지. 누구도 그 녀석을 죽일 수 없어.</u> 너무나도 강하고, 너무나도 깊은 곳에 살고 있으니까. 심장이 어디 있는지도 몰라. 그때 내가 느낀 것은 깊은 공포였어. 그리고 아무리 멀리 도망쳐도 그 녀석으로부터는 도망칠 수 없다는 절망감 같은 것이었지. <u>그 녀석은 말이지, 내가 나이고 네가 너라는 사실 같은 건 눈곱만큼도 생각해주지 않</u>

> 아. 그 녀석 앞에서는 모든 인간이 이름을 잃고 얼굴을 없애버려. 우리는 모두 단순한 기호가 되어버리는 거야. 단순한 번호가 되어버리는 거지."

『애프터 다크』, 142~143쪽

다카하시가 말하는 '거대한 문어'란, 모든 것을 상징적으로 기호나 번호로 바꿔버리는 힘을 지닌 존재를 가리킵니다. 재판에서 유죄 판결을 받은 자는 '범죄자'라는 기호로 변화합니다. '범죄자'로 확정된 순간, 그 사람은 '벽' 너머로 보내지고, '저쪽' 사람으로 간주됩니다. 그리고 한 번이라도 '벽'을 넘은 사람은 형기를 마친 뒤에도 '벽을 넘은 사람'이라는 기호를 계속 짊어집니다.

죄를 저지른다고 해도 그 경위나 방식은 다양합니다. 범죄자라 불리는 사람 중에는 여러 명을 무차별적으로 살해한 사람도 있고, 자신도 신체장애를 안고 있으면서 뇌경색에 걸린 남편과 뇌성마비의 장남을 혼자 보살피던 끝에 자택에 불을 질러 두 사람을 사망에 이르게 한 여성(2021년 지바현 아사히시 사건)도 포함됩니다.

이 두 사람 사이에는 생명을 빼앗은 이유에 커다란 차이가 있지만, '범죄자'라는 기호로 규정되는 순간 그 차이는 의미를 잃습니다. 사건의 경위나 이유에 관계없이 '저쪽'으로 보내진 사람은 단지 하나의 '범죄자'가 될 뿐입니다.

"그 녀석 앞에서는 모든 인간이 이름을 잃고 얼굴을 없애버"린다는 것은, '범죄자'라는 기호가 개개인이 지닌 고유성을 부정하고, 얼굴 없는 인간으로 만들어버리기 때문입니다.

또한 그것은 "국가라는 형태를 취하기도 하고, 법률이라는 형태를 취하기도 하지. 더 까다롭고 더 성가신 형태를 취하기도 해."라고 말하는 것처럼 이 '거대한 문어'는 단지 재판 제도만을 의미하지 않습니다. 국가나 법률처럼 알기 쉬운 형태가 아니라 까다롭고 특정하기 힘든 모습으로도 나타납니다. '이쪽'의 인간을 '저쪽'에 매장하는 강제력을 가질 수 있는 모든 존재를 가리킵니다. 거기에는 사회 시스템부터 인간의 마음까지 포함됩니다. 에리에게 아름다운 여성이라는 역할만을, 마리에게는 총명한 여성이라는 역할만을 기대하는 부모도 마찬가지입니다.

하루키는 일관되게 개인이 개인으로 존재하는 것을 방해하는 존재를 묘사함으로써 독자로 하여금 그 존재에 눈뜨게 합니다. 그 존재란 효율을 우선하고 이익의 극대화를 목적으로 하는 사회, 개인의 존엄을 무시하는 인간들, 그리고 자녀에게 특정한 역할만을 기대하는 부모 등 다양한 관점에서 그려집니다.

또한 효율을 우선하는 사회의 가치관에 스며든 나머지, 그 강요된 가치관에 의심을 품지 않고, 그것에 어긋나는 타인을 보면 단죄하고 싶어지는 사람은 더욱 까다롭습니다. 스스로 사고하려는 의욕의 결여가 자신을 '거대한 문어'로 만들고, 무의식적인 폭력을 휘두를 가능성이 있기 때문입니다.

사람은 자신이 어떤 생각을 무의식적으로 믿고 있었다는 것을 깨달을 때, 혹은 자신이 옳다고 믿어온 생각의 정당성에 의문을 품었을 때 멈춰 서서 사고하기 시작합니다. 사고의 축적은 주체성을 기릅니다. 하루키는 이처럼 계몽적으로 '어떻게 살아야 할지'를 지도하는 것이 아니라, 깨닫게 하고 생각하게 함으로써 사고력이라는 이름의 '방패'를 독자의 마음에 지니게 하려는 것입니다.

19세의 마리는 말합니다.

시간을 들여 자신의 세계 같은 것을 조금씩 만들어가고 싶다는 생각을 해요. 거기에 혼자 들어가 있으면, 어느 정도 안심이 되는 기분이 들거든요. 하지만 그런 세계를 굳이 만들어야 한다는 것 자체가, 내가 상처받기 쉬운 약한 인간이었다는 뜻이겠죠? 그리고 그런 세계도 세상에서 보면 하찮고 쬐그마한 세계일 뿐이에요. 골판지 집처럼 바람이 좀 세게 불면 어딘가로 날아가 버릴 것 같은……

『애프터 다크』, 245~246쪽

스스로 생각하고 사고를 축적해가는 작업은 시간을 필요로 합니다. 처음에는 골판지 집처럼 취약하고 불안정한 것일지도 모릅니다. 하지만 그 수고를 쌓아감으로써 이 세계에 숨어 있는 부조리한 폭력에 눈뜨는 관점을 기르고, 그 폭력의 영향에 무의식적으로 노출되지 않도록 대책을 마련할 수 있게 됩니다. 이 작업이야말로 자유롭게 살아가기 위한 최선의 처세술임을 하루키 문학은 우리에게 전하고 있습니다.

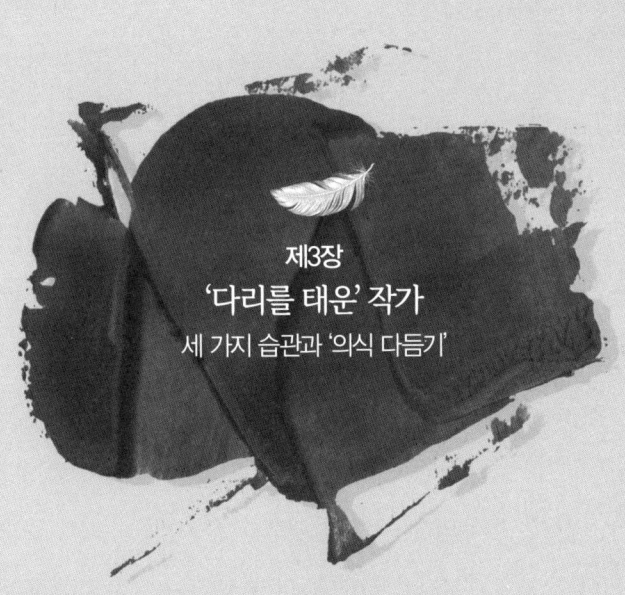

제3장
'다리를 태운' 작가
세 가지 습관과 '의식 다듬기'

　지금까지 하루키 작품이 독자에게 어떻게 받아들여지고 있으며, 자유라는 개념이 독자에 의해 얼마나 중요하게 여겨지고 있는지, 그리고 작가 자신이 자유라는 개념을 어떻게 인식하고 있으며, 또한 어떤 경위를 거쳐 그 개념을 형성해왔는지에 대해 살펴보았습니다.
　이 장에서는 자유의 실천을 위해 하루키가 어떤 의식의 습관을 갖고 있는지를 탐구해보려고 합니다. 직관에 따르는 것, 정보라는 '짐'을 많이 짊어지지 않는 것. 집중력을 높이는 것. 이 세 가지 습관이 베스트셀러 작가 무라카미 하루키를 등장시켰다고 해도 과언이 아닙니다.
　여기서 설명하는 것은 누구나 중요하다는 것을 알고 있으면서도, 좀처럼 실천에 이르지 못하는 것일지도 모릅니다. 하지만 그런 단순한 의식의 존재 방식을 지속하는 것이 자유를 획득하는 데 도움이 되는 경우도 있다는 사실을 하루키는 가르쳐줍니다.

1. 직관을 따르는 용기

소설을 쓰기 위해 '다리를 태웠다'

사람은 누구나 안정적인 것을 좋아하고 변화는 두려워합니다. 인생의 전환점이라는 것은 누구에게나 찾아올 수 있지만, 지금까지 익숙해진 것을 버리고 새로운 환경에 뛰어드는 데는 용기가 필요합니다. 특히 그것이 외부에서 강제적인 힘에 의한 것(해야만 하는 일)이 아니라 자신의 의지에 의한 것(하지 않아도 되는 일)인 경우, 더욱 큰 용기와 기백이 필요하게 됩니다.

하루키의 인생을 되짚어 보면, 하루키가 '하지 않아도 되는 일'에 뛰어든 덕분에 세계적 베스트셀러 작가 무라카미 하루키가 탄생했다는 것을 알 수 있습니다. 하루키는 와세다대학 재학 중에 결혼을 하고 재즈바를 시작합니다. 큰 빚을 안으면서도 고집스러운 가구와 음악을 갖춘 재즈바는 점차 경영이 궤도에 올랐고, 가게에는 이후 활약하게 되는, 혹은 이미 활약 중인 문화계 인사와 음악가들이 많이 찾아왔습니다.

하루키는 가게를 닫은 후 잠깐의 틈을 이용해 가게 주방에서 초기 작품을 완성합니다. 그리고 스물아홉 살에 발표한 작품은 보기 좋게 군조신인상을 수상하여 데뷔하게 됩니다. 두 번째 작품도 순조롭게 발표했지만, 이후 재즈바의 폐점을 결단합니다. 그때까지보다 더 긴 작품을 쓰기 위해서 필요한 집중력이 가게 운영과 병행해서는 얻을 수 없다고 판단했기 때문이었습니다.

폐점을 결심했을 때 주위의 많은 사람들이 하루키의 결정에 반대했다고 합니다. 가게 수입이 안정되어 있을 때, 그 수입원을 버리고 먹고 살 수 있을지 알 수 없는 소설가가 된다는 것은 위험한 도박이자 어리석은 일이라고 말이지요. 가게 운영을 누군가에게 맡기고, 오너로서 수입을 계속 확보하는 편이 낫다고 조언해준 친구도 있었다고 합니다. 하지만 하루키는 가게를 손에서 놓음으로써 '다리를 태웠다'고 말합니다.

저는 예전부터 '뭔가를 하려면, 전부 스스로 철저히 하지 않으면 직성이 풀리지 않는' 구석이 있습니다. '가게는 적당히 누군가에게 맡기고' 같은 일은 일단 성격상 할 수가 없습니다. 여기가 인생의 중요한 국면입니다. 과감히 각오를 다잡지 않으면 안 됩니다. 어쨌든 단 한 번이라도 좋으니, 가진 힘을 전부 쏟아부어 소설을 써 보고 싶었습니다. 안 되면 안 되는 거고, 어쩔 수 없는 일입니다. 다시 처음부터 시작하면 되지 않겠는가, 그렇게 생각했습니다. 저는 가게를 매각하고, 집중해서 장편소설을 쓰기 위해 도쿄의 집을 정리했습니다. 도시를 떠나 일찍 자고 일찍 일어나는 생활을 하게 되었고, 체력을 유지하기 위해 매일 러닝을 하게 되었습니다. 과감하게 생활을 뿌리부터 바꾼 셈입니다.

『직업으로서의 소설가』, 273~274쪽

조금 과장해서 말하자면 돌아올 수 없도록 '다리를 태운' 셈입니다.

『직업으로서의 소설가』, 273쪽

하루키는 소설가가 되기로 결심하며 가게라는 안정된 수입을 끊어 냈습니다. 소설가가 되기 위해 '다리를 건넌' 것이 아니라, 돌아올 수 없도록 '다리를 태운' 것입니다. 그리고 완성한 작품이, 첫 번째 장편소설이 되는 『양을 쫓는 모험』(1982)이었습니다. 이렇게 해서 하루키는 겸업 작가에서 전업 작가로 전향했습니다. 이후의 활약은 우리가 알고 있는 그대로입니다.

문호의 성공담으로 읽으면 "으흠, 그렇군. 역시 거물은 다르네."라는 감상으로 정리할 수 있는 이야기인지도 모릅니다. 하지만 중요한 것은 하루키도 '보통 사람'이었다는 점입니다. 전업 작가이고 전향하기 전에는 작은 가게를 시작했습니다. 오너이긴 했지만 개점에서 폐점까지 바쁘게 일하는 노동자였습니다. 무엇이 하루키를 대작가로 만들었을까요. 물론 타고난 글재주가 있었을지도 모르지만, 결정적이었던 것은 하루키의 '다리를 태우는' 결의와 그것을 실행한 행동력이었습니다. 그의 재능도 이 결의와 행동이 없었다면 그만큼 발휘될 수는 없었겠지요.

우리 대부분은 성공한 사람의 경험담을, 어딘가 먼 곳에 사는 보기 드문 재능의 소유자 이야기로 듣기 마련입니다. '저 사람은 재능이 있었으니까, 복을 받았으니까, 부유했으니까, 그래서 성공한 것이다'라고 말이지요. 나에게는 그렇게 특별한 재능도, 복 받은 환경도 없으니까 평범한 인생을 무난하게 살아갈 수밖에 없다'라고 말입니다.

하지만 하루키의 예를 보면 작가가 될 수 있었기 때문에 된 것이 아니라, 되기로 마음먹었기에 된 것이라는 사실을 알 수 있습니다. 재능이 있느냐 없느냐에 대한 걱정도 없습니다. 단지 하기로 정하고 '다리를 태우며' 주저하게 하는 것들로부터 자신을 강제로 떼어낸 것입니다.

프로 스포츠 선수 등은 분명 재능 있는 사람들이겠지요. 하지만 그들은 재능이 있어서라는 이유만으로 올림픽이나 세계 대회에 나갈 수 있었던 것은 아닙니다. 거기에 이르기까지 필요한 훈련을 쌓고, 각오를 계속 실천해 온 결과입니다. 아무리 재능이 있어도 갈고닦지 않으면 빛나지 않습니다. 빛나지 않으면 재능은 애초에 없었던 것이나 마찬가지입니다. 필요한 과정을 거쳐 출발점에 서지 않으면 목표를 향해 달릴 수조차 없습니다.

"어쨌든 자신이 하고 싶은 일을, 하고 싶은 방식대로 하자."
하루키의 강력한 각오의 배경에는 인생을 철저히 즐기려는 강한 의식이 있었습니다.

> 인생은 단 한 번뿐이니까, 어쨌든 자신이 하고 싶은 것을, 하고 싶은 방식대로 해나가자고 처음부터 마음을 정했습니다.
>
> 『직업으로서의 소설가』, 106쪽

하고 싶은 것을 하고 싶은 방식대로 한다는, 당연하게 들릴 수도 있는 일을 실제로 실행하는 사람은 이 세상에 얼마나 있을까요. 대부분은 '하고 싶은 것'이 아니라 '해야 하는 것'을 우선합니다. 어른에게 '해야 하는 것'이란, 주로 안정된 수입의 확보입니다. 충분한 수입을 얻을 수 있는 직업을 가지며, 그 여가 시간에 '하고 싶은 것'을 하는 것, 이것이 많은 사람들의 생활 방식이며 일반적으로 '올바른' 인생을 보내는 방식입니다.

어른은 '꿈을 크게 가지라'며 아이들을 격려하면서도 '큰 꿈'을 향해 나아가려는 젊은이에게는 '현실적으로 생각하라'며 저지합니다.

하루키도 예외는 아니었지만 '친절하게' 말리려 하는 주위 사람들의 말에 따르지 않고, 마음이 원하는 대로 솔직하게 살아가기로 결심했습니다.

하루키는 소설가가 되기로 결심한 이후 외로운 길을 나아가지만, 사회의 '상식'이라는 잣대를 버린 지금 그가 의지하려 했던 것은 자신 안의 '북극성'이었다고 합니다.

> 자신이 어떤 소설을 쓰고 싶은가, 그 개요는 처음부터 상당히 뚜렷했습니다. (중략) 그 이미지가 늘 하늘 바로 위에서 북극성처럼 빛나며 떠 있었던 것입니다. 무슨 일이 있으면, 단지 머리 위를 올려다보면 되었습니다. 그렇게 하면 자신이 지금 서 있는 위치와 나아가야 할 방향을 잘 알 수 있었습니다.
>
> 『직업으로서의 소설가』, 97쪽

하루키의 독특한 문체나 이야기는 많은 비판의 대상이 되었고, 하루키는 묵묵히 고립무원의 상태를 견뎌온 듯한 인상이 있습니다. 그런 고독한 나날을 계속해서 지탱한 것은 자신의 '북극성'을 믿는 것이었겠지요.

그 이후 하루키의 성공을 알고 있는 우리로서는 하루키에게 결국 재능이 있었고, 운도 자기편이 되어 주었다, 라고 볼 수도 있을 것입니다. 하지만 초기 작품부터 계속 읽어온 독자라면 눈치챌 거라고 생각하지만, 하루키는 처음부터 『태엽 감는 새 연대기』나 『해변의 카프카』나 『1Q84』 같은 장편 대작을 쓸 수 있었던 것은 아니었습니다. 창작을 거듭할 때마다 작가가 쌓아온 노력과 경험의 크기가 스며들었다는 것을 알 수 있습니다. 대작의 탄생은 하루키의 행동력이 거둔 성과라는 것입니다. 많은 사람이 '할 수 있을까'라는 염려로 머뭇거리고 있는 시간에 하루키는 그냥 '한다'는 것에 그것을 쏟아부었습니다. 많은 사람에게 이는 쉬운 일이 아닙니다.

"걱정하는 데 너무 많은 시간을 썼다"

하버드대학교에는 인간의 행복에 대해 80년 가까이 연구를 계속해 온 연구소(성인발달연구소)가 있습니다. 그 조사에 따르면 말년을 맞이한 피험자가 "인생에서 좀 적당히 해두었으면 좋았을 텐데, 라고 생각하는 일은 무엇입니까?"라는 질문을 받았을 때, 많은 이들이 "걱정하는 데 너무 많은 시간을 써버린 것"이라고 대답했다고 합니다(로버트 월딩거, 마크 슐츠, 『굿 라이프』[4]). 피험자 중 다수가 "걱정하는 데 너무 많은 시간을 썼다."고 답했다는 것은, 걱정했던 일들이 실제로는 거의

---

[4] The Good Life, 『세상에서 가장 긴 행복 탐구 보고서 - '행복의 조건'을 찾는 하버드의 연구는 지금도 계속된다』 (로버트 월딩거, 마크 슐츠, 박선령 옮김, 비즈니스북스, 2023)

일어나지 않았다는 뜻입니다.

　많은 사람이 안정된 직업을 내려놓는 것에 강한 두려움을 품습니다. 하지만 상상하는 것만큼 무서운 일은 좀처럼 일어나지 않습니다. 새롭게 도전한 일이 잘 안 되었을 경우에도, 사람은 적절하고 현명하게 방향을 바꿔서 수입원이 끊기지 않도록 하기 때문입니다.

　가령 하루키의 소설이 이렇게까지 팔리지 않았다고 해도 과연 하루키는 굶어 죽었을까요? 고금리의 빚을 짊어지고, 채권자에게 쫓기며 도망치는 삶을 살았을까요? 아니면 하고 싶은 일을 해나가면서 현실적인 판단을 바탕으로, 생활에 필요한 최소한의 수입을 다른 방식으로 확보하는 길을 택하지 않았을까요. 현실은 상상하는 것만큼 무섭지 않습니다. 또한 인간도 이렇게까지 물질로 넘쳐나는 시대에는 쉽게 굶어 죽지 않습니다.

　어떤 인간이든 엄청난 저력을 갖고 있습니다. 하지만 그 힘은 각오를 다진 사람이 아니면 발휘되지 않습니다. '좋아함'을 형태로 만들기 위해 수단을 가리지 않겠다는 각오가 있다면 그것에 필요한 행동이 따르고, 주변의 도움도 포함해서 자연스럽게 그 사람을 지지하는 흐름이 생겨나게 됩니다.

　하루키는 소설가를 꿈꾸는 젊은이에게 우선 책을 많이 읽으라고 조언합니다. 그리고 이것을 "오믈렛을 만들기 위해서는 우선 달걀을 깨야 한다."(『직업으로서의 소설가』, 120쪽) 같은 정도로 당연한 일이라고 말합니다.

변화를 만들어내기 위해서는 우선 행동해야 하는 것이 당연합니다. 달걀을 깨지 않으면 오믈렛은 만들 수 없습니다. 소설을 쓰지 않으면 소설가가 될 수 없습니다. 하고 싶은 일이 있다면 먼저 실행하지 않으면 실현되지 않습니다.

한 사람의 용기 있는 행동이 그 후 획득하는 수백만, 수천만이라는 독자를 움직였고, 나아가 국경을 넘어 많은 사람들의 마음을 흔들었습니다. 이것은 하루키만의 이야기가 아닙니다. 지금까지 일본과 세계에서 이름을 떨쳐온 많은 '성공인'이라고 불리는 영향력 있는 인물(인플루언서)은 그 행동력의 결과로 성공으로 가는 티켓을 손에 넣은 것입니다. 스티브 잡스 역시 유명한 말을 남겼습니다.

Have the courage to follow your heart and intuition.(마음과 직감을 따를 용기를 가지세요.)

마음과 직감을 따르려면 용기가 필요합니다. 이성은 수많은 "만약에"라는 공포와 불안을 데려오기 때문입니다. 하루키도 자신의 마음과 직감에 따라 솔직하게 행동했고, 결과가 나왔습니다.

오믈렛을 만들기 위해 먼저 달걀을 깬다. 가게를 버리기로 결심했던 당시의 하루키에게는 단지 그 정도의 일이었는지도 모릅니다. 하지만 그 용기에 의해 세계 사람들에게 수많은 기쁨을 주게 되었습니다.

당신의 자유를 얽매고 있는 '망령'은, 아직 일어나지 않은 미래의 불행을 귓가에 속삭이는 '친절한 사람들'일지도 모릅니다. 하루키는 그런 '망령'들에게 귀를 기울이지 않고 직감을 따르는 자유를 행사한 결과, 좋아하는 일에 몰두하는 인생에서 성공할 수 있었습니다.

대담한 전환이 필요한 시기는, 아마 누구의 인생에도 존재할 것입니다. 그러한 포인트가 찾아오면 재빨리 그 꼬리를 붙잡지 않으면 안 됩니다. 단단히 꽉 쥐고, 두 번 다시 놓아서는 안 됩니다.

『기사단장 죽이기』 제1부 상권, 203쪽

2. 정보라는 '짐'을 내려놓다

"그걸 하고 있을 때, 당신은 즐거운 기분이 드나요?"

정보가 넘쳐나는 사회에서 살아가다 보면, 정보의 취사선택이 어려워집니다. 스마트폰 하나만 있으면 온갖 정보를 검색할 수 있습니다.

멀리 떨어진 나라의 총리가 나온 대학이든, 다른 현 상업시설의 영업 시간이든, 오늘 나리타 공항 운항 상황이든, 텔레비전의 배선 방법이든, 맛있는 솥밥을 짓는 방법을 아는 데는 몇 분도 걸리지 않습니다. 정보의 양이라는 면에서는 뛰어난 시대지만, 그만큼 많은 정보에 노출된다는 것은 인간에게 반드시 좋은 일만은 아닙니다.

정보가 많다는 것은 그만큼 선택지가 늘어난다는 것이고, 현명하게 고르는 것이 요구되지만 이는 간단한 일이 아닙니다. 선택 기준을 만드는 것부터 시작해야 하기 때문입니다. 기준이란 정보를 판단하는 자기 안의 축을 뜻합니다. 축이 없으면 어떤 정보도 옳은 것으로 생각되어 사방팔방에서 오는 목소리 하나하나에 귀를 기울이지 않으면 안 되고, 지금의 자신에게 정말 필요한 정보를 선별해낼 수 없습니다.

이런 시대에 하루키는 덧셈보다 뺄셈이 더 중요하다고 말합니다. 하루키가 소설을 쓰기 시작했을 때 자신의 문체를 만들어내기 위해 한 일은, 자기 안에 쌓여 있던 '짐'을 내려놓는 것이었다고 합니다.

(앞부분 생략) 자신의 오리지널한 문체나 화법을 찾아내기 위해서는 우선 출발점으로서 '자신에게 뭔가를 덧붙여 나간다'기보다는 오히려 '자신에게서 뭔가를 빼 나간다'는 작업이 필요하게 되는 것 같습니다. 생각해보면 우리는 살아가는 과정에서 너무 많은 사물을 짊어지

고 있는 것 같습니다. 정보 과잉이라고 할까, 짐이 너무 많다고 할까, 주어진 세세한 선택지가 너무 많아서 자기표현 같은 것을 해보려고 시도할 때 그 콘텐츠들이 종종 충돌을 일으키고, 때때로 엔진 꺼짐[인용자 주: 엔진 고장] 같은 상태에 빠져 버립니다. 그리고 몸을 움직일 수 없게 되어버립니다. 그렇다면 일단 필요 없는 콘텐츠를 휴지통에 던져버리고 정보 계통을 깔끔하게 정리해버리면 머릿속은 훨씬 자유롭게 오갈 수 있게 될 것입니다.

그렇다면 무슨 일이 있어도 어떤 것이 반드시 필요한 것이고, 어떤 것이 그렇게까지 필요하지 않은 것인지, 혹은 전혀 불필요한 것인지를 어떻게 판단해 나가면 좋을까요?

이것도 저 자신의 경험에서 말씀드리자면, 아주 단순한 이야기지만 "그것을 하고 있을 때 당신은 즐거운 기분이 듭니까?"라는 것이 하나의 기준이 될 거라고 생각합니다. 만약 당신이 자신에게 뭔가 중요하다고 생각되는 행위에 종사하고 있고, 만약 거기에서 자연발생적인 즐거움이나 기쁨을 발견할 수 없다면, 그것을 하면서 가슴이 설레지 않는다면 거기에는 뭔가 잘못된 것, 조화롭지 못한 것이 있다고 봐야 할 것입니다. 그럴 때는 다시 한번 처음으로 돌아가 즐거움을 방해하고 있는 부분, 부자연스러운 요소를 모조리 던져버려야 합니다.

『직업으로서의 소설가』, 107~109쪽, 밑줄 인용자 너무 많은 '짐'은 자기표현의 시도를 방해합니다. 하루키는 소설을 쓰는 작업에 대해 쌓여온 담론, 즉 '소설이란 이런 것이다', '이런 주제가 바람직하다', '이런 문체가 좋다' 등 사회에서 많은 사람들에게 인식되어 있는 신념 같은 것을 던져버림으로써 자기표현에 걸맞은 문체를 발견할 수 있었습니다.

'올바름'에서 '즐거움'으로

문체 탐색에 대한 하루키의 이 에피소드는 우리의 삶에도 응용할 수 있습니다. 우리가 살아갈 때 이러한 '짐'을 짊어지는 것은 피할 수 없습니다. 무엇을 하든 생활의 일면, 일면에 '이래야 한다'는 공통 인식이 존재합니다. 그 공통 인식에서 벗어나면 규칙을 위반한 자동차를 쫓아가는 순찰차처럼 누군가가 사이렌을 울리며 주의를 주러 찾아옵니다.

"슬슬 결혼하는 게 좋겠어.", "집은 빨리 사는 편이 좋아.", "아이를 위해 학자금 보험에 가입해.", "도박은 하지 말고 꾸준히 저축해.", "술과 담배는 자제해." 등등……

'짐'에 떠받쳐진 일상 속에서 자기표현을 시도하는 것은 어렵습니다. 하지만 '짐을 내려놓기'로 한 하루키가 결과적으로 많은 독자를 획득한 것은, 이 '짐'의 가치에 대해 근본적으로 검토해볼 여지가 있다는 것을 보여주는 것이 아닐까요?

많은 독자를 매료시킨, 많은 독자가 읽고 싶다고 갈망한 하루키의 이야기는, "그걸 하고 있을 때 당신은 즐거운 기분이 듭니까?"라고 작가가 자신에게 물음으로써 흘러나온 이야기입니다. 자신이 즐겁다고 느끼는 것에 전념한 결과, 많은 사람들을 설레게 하는 에너지가 나온 것입니다. 즐겁다고 느끼는 것에 에너지를 쏟음으로써 자신이 잘하는 분야를 깨달을 수 있게 되었다고도 할 수 있습니다.

우리 대부분은 인생의 선택을 요구받았을 때, 즐거운지 어떤지를 기준으로 삼는 일이 없습니다. 사회가 주는 '짐'을 기준으로 결정합니다. 그것은 대부분 '안정', '안전', '안심'이라는 '삼안三安'에 의해 떠받쳐지고 있습니다. 이 '삼안'의 가치를 높이는 것은 '만약에'라는 미래에 대한 불안입니다. 아직 일어나지 않았고, 일어날지도 모르는 '만약에'를 기준으로 인생 설계가 이루어지는 것입니다.

만약에 화재가 나면, 큰 지진이 일어나면, 암에 걸리면, 가족이 갑작스럽게 세상을 떠나면, 자동차 사고를 내면 —그런 일이 있을 때 보험에 들어두면 '안심'이 됩니다. 경기가 나쁠 때는 '안정'된 수입을 얻을 수 있는 직종에 종사하는 것이 '안전'합니다. 직장에 적응하지 못해도, 업무를 좋아하지 않게 되어도, 피로와 스트레스로 몸 상태가 나빠져도 그만두지 않는 편이 '안심'입니다……. 이러한 사회나 어른들의 '속삭임'에 의해 많은 사람들은 '삼안'을 내려놓기보다 현상 유지를 선택합니다. 그런 우리에게 하루키는 말하겠지요. "그걸 하고 있을 때 당신은 즐거운 기분이 듭니까?"

'삼안'을 내려놓는 것은 많은 사람들에게 결코 간단한 일이 아닙니다. 하지만 행복을 위해 추구했던 '삼안'이 정말 자신의 행복으로 이어지고 있는지에 대해서는 한번 멈춰서 생각해봐도 좋지 않을까요?

짐을 내려놓을 자유가 자신에게 있다는 것을 알았을 때, '올바른' 삶의 방식을 포기하고 '즐거운' 삶의 방식으로 전환했을 때, 자신이 나아가야 할 길이 보이기 시작한다는 것을 하루키는 가르쳐줍니다.

3. 집중력을 어떻게 높일 것인가

생산성의 기반이 되는 건강과 집중력

하루키는 "소설을 쓰는 것에 대한 많은 것을, 매일 아침 도로를 달리는 것에서 배워왔다."(『달리는 것에 대해 말할 때 내가 말하는 것』[5], 2007년, 122쪽)라고 말합니다. 하루키는 러너입니다. 조깅을 일과로 삼고 있고, 세계 각지의 풀 마라톤 대회에도 여러 번 참가했습니다. 달리

---

[5] 『달리기를 말할 때 내가 하고 싶은 이야기』 (무라카미 하루키, 임홍빈 옮김, 문학사상, 2009) 로 번역 소개되었다.

는 것은 자신의 '생명선'이라고까지 말하지만 매일 계속 달리는 것은 물론 간단한 일이 아닙니다. 인내력이 필요합니다.

하루키는 자신이 운영하던 재즈바를 닫고 소설가를 본업으로 삼아 살아가기로 결심했을 때 달리기 시작했다고 합니다. 장편소설을 쓰기 위해서는 장거리를 달리는 것과 같은 정도의 인내력과 지구력이 필요하다고 판단했기 때문입니다.

『달리는 것에 대해 말할 때 내가 말하는 것』이라는 에세이집에서 하루키는 매일 아침 3시간에서 4시간을 집중해서 책상 앞에 앉아 있고, 그 외 시간은 달리거나 독서를 하거나 음악을 듣는 데 할애한다고 합니다(『직업으로서의 소설가』, 155쪽에서는 "4시간이나 5시간 책상 앞에 앉아 있습니다"라고 말합니다).

'그렇게 짧은 시간밖에 일하지 않아?' 하며 놀랄 수도 있겠지요. 하루 8시간 노동에 익숙한 현대인에게 3~4시간의 집필이라는 하루키의 일하는 방식을 사치스럽게 느낄지도 모릅니다.

하루키는 생산성에 필요한 것은 건강과 집중력이라고 말합니다. 대부분의 사람이 평소에 건강을 의식하지 않다가 문제가 생겼을 때만 이를 회복하려고 합니다. 하지만 인간의 몸도 기계와 마찬가지로 날마다 적절히 관리하는 것이 필요합니다. 과도하게 사용하면 몸은 휴식을 요구하며 신호를 보냅니다.

하루키는 "설사 뛰어난 재능이 있다 하더라도, 아무리 머릿속에 소설적 아이디어가 가득 차 있더라도, (예를 들어) 충치가 심해서 아주 고통스럽다면 그 작가는 아마 아무것도 쓰지 못할 것이다."(『달리는 것에 대해 말할 때 내가 말하는 것』, 116쪽)라고 말합니다. 소중한 능력이라도 몸이 건강하지 않으면 발휘할 수 없습니다. 더 좋은 글을 쓰기 위해, 그리고 가능한 한 오래 글을 써나가기 위해 하루키는 날마다 몸을 소중히 관리하고 있습니다.

달리기를 통해 하루키는 지구력도 향상시킵니다. 하루 3~4시간이라는 짧게 느껴지는 시간이라도, 그 시간 동안 감각을 날카롭게 세워가며 계속 글을 쓰기 위해서는 상당한 집중력이 필요합니다. 장편소설을 써낼 때는 수년간 이 일과를 계속합니다. 쉬운 일이 아닙니다.

> 이러한 능력(집중력과 지속력)은 다행스럽게도 재능과는 달리 트레이닝을 통해 후천적으로 획득하고 그 자질을 향상시킬 수 있다. (중략) 이것은 전에 썼던 근육 단련 작업과 비슷하다. (중략) 날마다 조깅을 계속함으로써 근육을 강화하고, 러너로서의 체형을 만들어가는 것과 같은 종류의 작업이다. 자극하고 지속한다. 자극하고 지속한다. 이 작업에는 물론 인내심이 필요하다. 하지만 그만한 보답은 있다.
>
> 『달리는 것에 대해 말할 때 내가 말하는 것』, 117~118쪽

집중력과 지속력은 때로 재능 이상으로 필요한 것임을 하루키는 우리에게 가르쳐줍니다.

'효과적으로 자신을 연소해간다'

집중한다는 것은 의식을 '지금'에 계속 두는 작업이며, 집중력이라는 것은 그것을 지속시키는 힘입니다. 인간의 사고는 그렇지 않아도 제어하기 어려운 것이지만, 현대인이 살아가는 환경은 그것을 더욱 어렵게 만들고 있습니다. 장시간에 걸친 학습이나 근로에 더해, 주말에는 배우는 것, 오락, 여행 등으로 일정이 가득합니다. 자녀를 키우는 가정이라면 집에 돌아와서도 집안일에 정신이 없습니다. 너무 바쁜 것입니다. 나아가 많은 정보가 사고의 움직임을 쉬게 하지 않습니다. 스마트폰의 편리함은 의심의 여지가 없지만 속보, SNS의 알림, 도착 메시지가 올 때마다 집중력은 끊어집니다.

어쨌든 현대는 '지금, 여기'에 집중하기가 어려운 시대입니다. 한편 마음의 평온함이란 '지금, 여기'에 집중함으로써 얻어지는 것입니다. '지금, 여기'에 집중하고 있을 때 사람은 공포나 불안에 지배되지 않기 때문입니다. 모든 공포와 불안의 원인은 외부에서 옵니다. 그것은 지금 이 순간의 풍요로움을 부정합니다. 아직 일어나지 않았고, 일어날지도 확실하지 않은 '좋지 않은 미래'에 대해 상상하게 합니다.

우리는 자기도 모르는 사이에 하고 싶은 일을 하는 것보다 안전 대책을 우선하게 되는 것입니다. 거꾸로 말하면 공포나 불안에 지배되지 않는 때가 아니면, 우리는 자신이 정말로 하고 싶은 것, 좋아하는 것에 도전해보고자 하는 마음을 가질 수 없습니다. 하루키는 좋아하는 일에 몰두하는 것의 중요성에 대해 다음과 같이 말합니다:

> 인간은 좋아하는 것을 자연스럽게 계속할 수 있고, 좋아하지 않는 것을 계속할 수 없게 되어 있다. 거기에는 의지 같은 것도 조금은 관련되어 있을 것이다. 하지만 아무리 의지가 강한 사람이라도, 아무리 지기 싫어하는 사람이라도 마음에 내키지 않는 일을 오래 계속할 수는 없다. 또 설령 할 수 있다고 해도 도리어 몸에 좋지 않을 것이다.
>
> 『달리는 것에 대해 말할 때 내가 말하는 것』, 70~71쪽

좋아하는 일만 하며 살아가는 것이 결코 간단한 일은 아니지만, '몸에 좋지 않은' 삶의 방식은 오래 지속될 수 없습니다.

자신이 원하는 삶을 우선해온 하루키는 좋아하는 일을 계속하는 것의 합리성을 잘 이해하고 있습니다. 좋아하는 일은 오래 계속할 수 있기 때문에 그만큼 능력도 발전하기 쉬운 것입니다.

하루키는 말합니다:

주어진 개개인의 한계 속에서 조금이라도 효과적으로 자신을 연소해가는 것, 그것이 러닝의 본질이고, 또 살아가는 것의(그리고 나에게는 쓰는 것의) 메타포이기도 하다.

『달리는 것에 대해 말할 때 내가 말하는 것』, 123쪽

'효과적으로 자신을 연소'한다는 말을 들으면, 효율을 중시하는 사회의 기준에 맞춘 삶의 방식으로 들릴지도 모르겠지만 그렇지는 않습니다. 자신의 재능이나 능력을 발휘하고 그것이 결과가 되어 나타날 때 사람은 자기긍정감이 높아지고 삶의 기쁨을 느낍니다. 즉, '효과적으로 자신을 연소'하면 살아가는 것이 즐거워지는 것입니다. 재능이나 능력은 좋아하는 일을 하고 있을 때야말로 발전합니다. 그러므로 좋아하는 일을 행동으로 옮기는 것을 자신에게 허락하고 '지금, 여기'에 집중하여 능력을 발휘하기 쉬운 환경을 마련하는 것이 중요합니다.

자신의 능력 부족을 한탄하며 살아가는 삶에는 자유가 없습니다. 그런 사람은 좁은 상자 속에 자신의 능력을 가두게 되기 때문입니다. 능력을 발휘할 수 있는 환경에 바로 자유를 느낄 수 있는 토양이 존재합니다. 이처럼 하루키는 집중력과 지속력을 단련하는 것이 자유로운 삶의 실현을 지탱한다고 가르쳐줍니다.

제4장
『노르웨이의 숲』과 『1Q84』
베스트셀러의 '수수께끼'를 풀다

1. 자기부정이 자유를 빼앗는다 — 『노르웨이의 숲』

무라카미 하루키를 대형 베스트셀러 작가로 끌어올린 작품이라 하면, 1987년에 간행된 『노르웨이의 숲』입니다. 일본 국내에서만 상하권 합쳐 1,300만 부가 판매되었습니다. 그리고 영화로 만들어지기도 해서 해외에서도 인지도가 높은 작품입니다. 한편으로 평론가나 독자들로부터는 사망자가 너무 많다, 성 묘사가 너무 많다는 의견이 나오는 등 내용에 대해서는 많은 비판을 받은 작품이기도 합니다.

무대는 1968년 학생운동이 고조되고 있던 시기이며, 주인공 와타나베 도루는 고베에서 상경한 학생으로서 도쿄의 대학에서 공부하고 있습니다. 고등학교 시절의 지인이었던 나오코와 우연히 재회하고, 그 후 연인 관계로 발전하게 됩니다. 그러나 오랫동안 앓아온 정신적인 병으로 나오코는 대학을 휴학하고 교토에 있는 요양소로 갑니다. 와타나베는 요양소를 드나들며 나오코의 버팀목이 되고자 하지만, 나오코의 자살 이후에는 상실감에 시달리게 됩니다. 나오코가 교토로 떠난 후 와타나베는 클래스메이트인 미도리와 친해져 거리감을 좁혀갑니다. 나오코가 사망한 후 와타나베와 미도리의 관계가 더욱 깊어질 것 같지만, 그런 결말이 모호한 상태에서 소설은 갑작스럽게 끝납니다.

돌아오지 않는 화자

이 작품의 대부분은 스무 살 주인공의 시점에서 이야기되지만, 제1장에서만 서른일곱 살의 주인공이 등장합니다. 즉, 현재의 주인공입니다. 서른일곱 살의 와타나베는 보잉747 기내에서 비행기가 독일에 착륙하는 것을 기다리고 있습니다. 그리고 착륙한 기내에서 BGM이 흐르는 것과 동시에 심한 현기증을 느낍니다.

> [앞부분 생략] 그것은 어딘가의 오케스트라가 달콤하게 연주하는 비틀즈의 〈노르웨이의 숲〉이었다. 그리고 그 멜로디는 여느 때처럼 나를 혼란스럽게 했다. 아니, 여느 때와는 비교도 되지 않을 만큼 격렬하게 나를 혼란시키고 동요하게 했다.

나는 머리가 터지지 않도록 몸을 웅크리고 두 손으로 얼굴을 감싼 채 그대로 가만히 있었다.

『노르웨이의 숲』 상권, 7~8쪽

비틀즈의 〈노르웨이의 숲〉은 와타나베가 나오코와 함께 자주 들었던 곡이었습니다. 비행기 안의 장면으로부터, 나오코가 사망한 후 와타나베는 이 곡이 들릴 때마다 과거의 상처를 떠올렸던 것으로 추측됩니다. 하지만 이번에는 "여느 때와는 비교도 되지 않을 만큼 격렬하게" 와타나베를 흔들어댑니다. 17년 전에 세상을 떠난 나오코의 얼굴은 시간이 지날수록 점점 희미해집니다.

그래, 내 기억은 나오코가 서 있던 자리에서 확실히 멀어져 가고 있다. 마치 내가 예전의 나 자신이 서 있던 자리에서 확실히 멀어져 가고 있는 것처럼. 그리고 풍경만이, 그 10월의 초원 풍경만이 마치 영화 속 상징적인 장면처럼 반복해서 반복해서 내 머릿속에 떠오른다. 그리고 그 풍경은 내 머리의 어떤 부분을 집요하게 계속 걷어차고 있다. 야, 일어나, 난 아직 여기 있어, 일어나, 일어나서 이해해, 왜 내가 아직 여기에 있는지를.

『노르웨이의 숲』 상권, 12쪽

나오코를 떠올릴 때 와타나베는 언제나 어떤 초원의 풍경을 떠올립니다. 그리고 그 기억은 와타나베에게 "일어나"라고 호소합니다. '일어나'라는 이 호소에서 와타나베가 계속 잠들어 있는, 즉 마주해야 할 사안으로부터 계속 눈을 돌리고 있다는 사실이 드러납니다. 그리고 눈을 돌리고 있는 탓에 '아직 여기 있어', 즉 계속 있어서는 안 되는 곳에서 움직이지 못하고 있는 것입니다.

기억 속의 나오코는 "나를 기억해줬으면 해."(『노르웨이의 숲』 상권, 20쪽)라고 와타나베에게 부탁합니다. 그 약속을 지키기 위해 와타나베는 희미해져 가는 기억을 모아 글로 남기려고 합니다.

> 하지만 아무튼 지금으로서는 그것이 내가 얻을 수 있는 모든 것이다. 이미 희미해졌고, 지금도 시시각각으로 희미해져 가는 그 불완전한 기억을 단단히 가슴에 안고 뼈라도 우적우적 씹는 듯한 기분으로 나는 이 글을 계속해서 쓰고 있다. 나오코와의 약속을 지키기 위해서는 이렇게 하는 수밖에 다른 방법이 없는 것이다.
>
> 『노르웨이의 숲』 상권, 22쪽

"나오코와의 약속을 지키기 위해" "이 글을 계속해서 쓰고 있다."는 이 시도는 이번이 처음이 아닙니다. "기억이 훨씬 선명했던 때"도 나오코에 대해 쓰려 했다가 단념한 일이 있었다고 와타나베는 토로합니다. 그때는 "모든 것이 너무나도 또렷해서 어디서부터 손을 대야 할지 알 수 없었"기 때문이었다고 말합니다.

그러나 "나오코에 대한 기억이 내 안에서 희미해져 가면 갈수록 나는 더 깊이 그녀를 이해할 수 있게 되었다고 생각한다."(『노르웨이의 숲』 상권, 22쪽)고 말합니다. 즉, 기억이 희미해짐으로써 그녀에 대해 쓸 자신감이 생겼다는 것입니다.

제2장부터는 와타나베와 나오코가 스무 살이던 시절로 시간이 되돌아가고 회상이 시작됩니다. 여기서 중요한 점은 와타나베가 약속을 지키기 위해 나오코의 기억을 다시 말하려고 하지만, 그 이면에는 집요하게 몰아세우는 '일어나'라는 마음속 목소리가 있다는 것입니다. 반복해서 머리를 계속 걷어차는 뭔가로부터 해방되고 싶다는 바람이 담겨 있다는 것입니다.

회상 소설은 초반에 현재의 화자가 등장하고, 시점이 과거의 화자로 옮겨갔다가 마지막에 다시 현재의 화자로 돌아오는 기법이 일반적입니다. 하지만 『노르웨이의 숲』에서는 서른일곱 살의 화자가 끝까지 돌아오지 않습니다. 작품은 나오코와 도쿄에서 보낸 일, 나오코가 옮겨간 요양소를 와타나베가 방문한 일, 또 나오코가 부재 중일 때 만난 미도리와의 관계, 그리고 나오코의 자살을 알게 된 후 와타나베가 슬픔을 치유하기 위해 여행을 떠나는 것 등이 그려집니다.

마지막 장에서는 요양소에서 나오코와 룸메이트였던 레이코가 도쿄의 와타나베를 찾아와 나오코와의 추억을 이야기하고, 와타나베에게 미도리와 행복해지라고 조언합니다. 레이코와 헤어진 직후 와타나베는 미도리에게 전화를 걸어 만나고 싶다고 전합니다.

나는 미도리에게 전화를 걸어 너와 꼭 이야기하고 싶다, 할 이야기가 잔뜩 있다, 해야 할 이야기가 잔뜩 있다, 온 세상에 너 말고 바라는 건 아무것도 없다, 너와 만나 이야기하고 싶다, 모든 걸 너와 둘이서 처음부터 다시 시작하고 싶다 하고 말했다.

(중략) 그러고 나서 얼마 지나지 않아 미도리가 입을 열었다. "너, 지금 어디 있어?" 하고 그녀는 조용한 목소리로 말했다.

<u>나는 지금 어디 있는 거지?</u>

나는 수화기를 든 채 얼굴을 들어 전화박스 주위를 빙 둘러보았다. 나는 지금 어디 있는 거지? 하지만 여기가 어디인지 나는 알 수 없었다. 짐작도 가지 않았다. 대체 여긴 어디지? 내 눈에 비친 것은 어디론가 걸어가고 있는 무수한 사람들의 모습뿐이었다. 나는 아무 데도 아닌 장소 한가운데서 미도리를 계속 부르고 있었다.

『노르웨이의 숲』 하권, 292~293쪽, 강조 원문

이 장면을 마지막으로 작품은 끝납니다. 서른일곱 살의 주인공은 끝내 돌아오지 않습니다. 이처럼 『노르웨이의 숲』은 이야기를 시작한 화자가 다시 돌아오지 않는 불완전한 회상 소설이라는 구조를 갖고 있는 것입니다.

그런데 마지막 장면에서 반복되는 "나는 지금 어디에 있는 거지?"라는 말은 뭘 의미하는 것일까요? "너와 꼭 이야기하고 싶다."는 와타나베의 부름에 대해 미도리는 "너, 지금 어디 있어?"라고 되묻습니다. 미도리는 지금 당장 만나러 가고 싶기 때문에 "지금 어디 있어?"라고 물었는지도 모릅니다. 하지만 와타나베는 그것을 자기 존재가 서 있는 위치를 묻는 질문처럼 느낍니다.

미도리에게 질문받고 와타나베는 대답할 수가 없습니다. 오히려 미도리의 물음에 의해 자신이 서 있는 위치를 파악하지 못하고 있는 자신을 자각하게 되는 것 같습니다. 이처럼 『노르웨이의 숲』은 지금 안고 있는 문제를 해결하고자 과거를 다시 이야기하려고 한 결과, 문제가 더욱 깊어지고 해결의 희망이 보이기 않게 되어버렸다는 이야기인 것입니다.

의도적으로 다시 말하는 와타나베

하루키는 기억에 대해 『언더그라운드』 후기에서 다음과 같은 지적을 합니다.

어떤 정신과 의사가 말한 것처럼 "인간의 기억이라는 것은 어디까지나 하나의 사건에 대한 '개인적인 해석'에 지나지 않는다."고 정의할 수도 있다. 예를 들면, 우리는 기억이라는 장치를 통해 때로는 하나의 체험을 이해하기 쉽게 개편한다. 불편한 부분을 지워버린다. 앞뒤를 바꿔 놓는다. 선명하지 않은 부분을 보완한다. 자신의 기억과 타인의 기억을 혼동하고 필요에 따라 바꿔 넣는다. 그러한 작업을 우리는 아주 자연스럽게, 무의식적으로 해버릴 때가 있다.
극단적으로 말하자면, "우리는 자신이 경험한 것의 기억을 크든 적든 '이야기화'하는 것이다."라는 것이 될지도 모른다.

『언더그라운드』, 755쪽

하루키는 지하철 사린 사건의 피해자와 인터뷰를 했을 때, 그들이 말하는 사건 당일의 이야기가 "어디까지나 기억"(『언더그라운드』, 755쪽)이라는 사실에 의식적이었다고 말합니다. 그러나 개편되었을 가능성이 있다는 것과 그것이 '거짓'이라는 것은 동일한 뜻이 아니라고도 말합니다.

'말해진 이야기'의 사실성은 어쩌면 정밀한 의미에서의 사실성과는 다를지도 모른다. 하지만 그것은 '거짓이다'라는 것과 같은 뜻이 아니다. 그것은 '다른 형태'를 취한 하나의 틀림없는 진실인 것이다.

『언더그라운드』, 756쪽

 기억, 즉 '말해진 이야기'라는 것과 사실은 다를지도 모르지만 달라졌다고 해도 그것은 "'다른 형태'를 취한, 하나의 틀림없는 진실"이라는 자세를 하루키는 갖고 있다는 것을 알 수 있습니다. 이 이해를 바탕으로 『노르웨이의 숲』에서 회상이 가지는 의미를 생각해보고자 합니다.
 비행기에서 '일어나'라는 마음의 목소리에 머리를 감싸며 와타나베에게는 초원에서 나오코와 보냈던 기억이 플래시백처럼 떠오릅니다. 그 기억 속에서 나오코는 와타나베에게 어떤 깊은 우물 이야기를 합니다. 그 우물은 어디에 있는지 특정할 수 없지만 때때로 누군가가 빠져 우물 밑바닥에서 오랜 시간에 걸쳐 죽는다고 설명합니다. 이 우물은 나오코의 정신 상태를 비유한 것으로 이야기된다고 볼 수 있습니다. 어디에 있는지 알 수 없기에 조심할 수도 없습니다. 그런 우물에 언제 빠질지 모른다는 강한 불안을 안고 살아가는 나오코의 상황이 엿보입니다.

와타나베에게 몸을 기대며 나오코가 "이렇게 너한테 붙어 있는 한"(『노르웨이의 숲』 상권, 15쪽) 그 우물에 빠지지 않는다고 말하자, 와타나베는 "그럼 간단하네. 계속 이렇게 있으면 되잖아."(『노르웨이의 숲』, 16쪽)라고 제안합니다.

이에 대해 나오코가 24시간 자신을 감시할 수는 없다고 반박하자 와타나베는 "이게 평생 계속되는 건 아니잖아", "어깨에 힘 좀 빼. 어깨에 힘이 들어가 있으니까 그렇게 조심스럽게 사물을 보게 되는 거야"(『노르웨이의 숲』, 18쪽)라고 말합니다.

그러자 "심하게 건조한 목소리로" 나오코가 말합니다.

"왜 그런 말을 하는 거야?" (중략) "어깨에 힘을 빼면 몸이 가벼워진다는 것쯤은 나도 알아. 그런 말 해준다고 해도 아무 도움이 안 돼. 알았어? 만약 내가 지금 어깨에 힘을 빼면 나는 산산조각이 날 거야. 나는 예전부터 이런 식으로밖에 살아오지 않았고, 지금도 이런 식으로밖에 살아갈 수 없어. 한 번이라도 힘을 빼면 다시는 원래대로 돌아갈 수 없어. 나는 산산조각이 나서 ―어딘가로 날아가 버릴 거야. 왜 그걸 몰라? 그것도 모르고 어떻게 나를 챙기겠다는 말을 할 수 있는 거야?"

"나는 네가 생각하는 것보다 훨씬 심한 혼란을 겪고 있어. 어둡고,

차갑고, 혼란스럽고…… 있잖아, 왜 넌 그때 나하고 잔 거야? 왜 나를 그냥 내버려두지 않았던 거야?"

『노르웨이의 숲』, 18~19쪽

나오코의 분노는 와타나베의 '무지'를 향하고 있습니다. 나오코에게 자신의 병은 회복의 기미가 전혀 없고, 항상 어깨에 힘을 주지 않으면 날아가 버릴 거라고 말할 정도로 자신의 무력감을 느끼고 있습니다. 그러나 와타나베는 그 병의 심각성을 이해하지 못한 채 나오코의 인생으로 들어가 표면적인 위로만으로 그녀를 구할 수 있다고 생각하고 있습니다. 이렇게 느끼며 와타나베에게 실망하는 모습이 나오코의 말에서 엿보입니다.

플래시백으로 비친 이 초원 장면은 소설 제6장에서, 즉 회상 이야기에서 다시 등장합니다. 요양소 근처 초원을 산책하며 나오코는 "나를 언제까지나 기억해줘."라고 와타나베에게 제1장과 같은 대사를 입에 담습니다. 또한 와타나베의 "너무 겁먹고 있어.", "그걸 잊기만 하면 너는 분명 회복할 거야"(『노르웨이의 숲』, 300쪽) 같은 상대의 상처가 얼마나 깊은가에 대한 이해가 부족한 발언도 제1장과 공통으로 보입니다.

하지만 제1장과 크게 다른 점은 제6장에서 나오코는 와타나베의 말에 감정적으로 반응하지 않는다는 점입니다. 잊어야 한다는 와타나베에게 "잊을 수만 있다면"(『노르웨이의 숲』, 300쪽)이라거나 함께 살자는 제안에도 "그럴 수 있다면 멋지겠지."(『노르웨이의 숲』, 301쪽)라고 냉정하게 답합니다.

이 차이에 대해 앞서 언급한 하루키의 『언더그라운드』에서 했던 발언을 참고하면, 회상이라는 기억의 다시 말하기를 통해 현재 와타나베의 '개인적인 해석'이 더해져 '하나의 경험을 이해하기 쉽게 개편' 하고 있다고 생각해볼 수 있습니다. 특히 와타나베의 경우, 과거의 기억으로부터 해방되고자 하는 목적이 회상이라는 행위에 담겨 있었기 때문에 그 목적에 맞는 개편이 이루어졌다고 추측할 수 있습니다.

의도를 가진 다시 말하기가 제6장의 초원 장면인 것에 비해 제1장의 초원 장면은 플래시백입니다. 플래시백이든, 다시 말해진 기억이든 둘 다 '하나의 틀림없는 진실'이라고 볼 수 있습니다.

플래시백은 그 기억이 '지금' 어떻게 기억되고 있고, '지금' 본인에게 어떤 영향을 미치고 있는가라는 '진실'을 전해줍니다. 실제로 스무 살 때 와타나베가 초원에서 나오코에게 감정적으로 비난받았는지 어떤지는 알 수 없습니다. 중요한 것은 서른일곱 살의 와타나베가 과거를 떠올릴 때 떠오르는 모습이 자신을 비난하는 연인의 모습이었다는 사실입니다. 과거에 나오코를 화나게 했는가 어떤가 하는 것이 아니라, '지금'의 와타나베가 강한 죄책감을 느끼고 있다는 것입니다. '지금'의 그 심정을 플래시백에 의해 인식하도록 재촉당하고 있다는 점입니다.

한편 회상을 통해 와타나베는 의도적으로 기억을 정리하려고 시도합니다. 그런 다시 말하기 안에서 나오코는 그를 비난하려 하지 않습니다. 플래시백에서 본 <비난받는 자신>, 즉 <죄를 저지른 자신>을 다른 기억으로 덮으려는 의도가 엿보입니다. 이 책임에서 벗어나고자 하는 의도는 제1장의 마지막에도 보입니다.

왜 자신을 이해해주지 않는가 하고 자신을 책망하는 나오코의 영상이 플래시백으로 비친 후 서른일곱 살의 와타나베는 나오코와의 약속을 지키기 위해 나오코에 대한 기억을 글로 쓰려고 결심한다는 흐름은 조금 전에 설명한 대로입니다. 그리고 서른일곱 살의 와타나베는 다음과 같이 말하며 제1장을 닫습니다.

[앞부분 생략] 물론 나오코는 알고 있었던 것이다. 내 안에서 그녀에 관한 기억이 언젠가 희미해져 갈 것이라는 사실을. 바로 그렇기 때문에 그녀는 나에게 호소하지 않으면 안 되었던 것이다. "나를 언제까지나 잊지 마. 내가 존재했다는 것을 기억해줘."라고.

그렇게 생각하면 나는 참을 수 없이 슬퍼진다. 왜냐하면 나오코는 나를 사랑조차 하지 않았기 때문이다.

『노르웨이의 숲』, 22~23쪽

"나오코는 나를 사랑조차 하지 않았다."는 갑작스러운 선언에 독자는 놀라겠지요. 자신에 대한 이해가 부족하다고 상대를 책망하는 나오코의 모습은, 와타나베에 대한 명백한 애정 표현으로 받아들여질 수 있기 때문입니다.

오히려 갑작스럽게 덧붙여진 <자신을 사랑하지 않는 나오코>라는 인물상은 와타나베의 <그랬으면 좋겠다>는 바람의 표현이라고도 볼 수 있습니다. 나오코가 애초에 자신을 사랑하지 않았던 거라면 죄책감을 느끼지 않아도 되기 때문입니다.

이처럼 기억을 다시 말하는 배경에는 죄로부터 벗어나고 싶은 와타나베의 바람이 숨어 있습니다. 즉, 머리를 계속 걷어차고 있던 과거의 영상으로부터 도망치기 위해 서른일곱 살의 화자는 죄를 저지른 자신을 없었던 것으로 하려는 방법을 선택한 것입니다.

왜 "나는 지금 어디에 있는 거지?"라고 묻는가

이 장편소설의 전체 이야기까지는 읽지 않겠습니다만 중요한 것은 앞서 말했듯이 기억을 다시 이야기한 결과, 마지막 장에서 "너, 지금 어디 있어?"라는 미도리의 질문에 와타나베가 대답할 수 없다는 사실입니다.

"야, 일어나. 나 아직 여기 있어, 일어나, 일어나서 이해해, 왜 내가 아직 여기 있는지를." 이 과제에 대응하기 위해 와타나베는 기억을 다시 이야기해 보았습니다. 그러나 그 작업 후에 서른일곱 살의 와타나베는 구원받지 못합니다. "아직 여기 있어."라는 말에는 '여기 있어서는 안 돼'라는 생각이 숨어 있습니다. 그러나 긴 기억을 써낸 후에도 와타나베는 자신이 "지금 어디 있는지" 알 수 없습니다. 오히려 다시 이야기해 보려고 시도하기 전보다 혼란스러워 보이기도 합니다.

마지막 장에서 미도리에게 전화를 걸기 전날, 와타나베는 자신을 찾아온 레이코와 함께 나오코에 대한 추억을 이야기합니다. 거기서 와타나베는 나오코를 끝까지 지지해 주지 못한 자신을 용서할 수 없다고 말합니다.

저 자신의 문제입니다. 아마 제가 도중에 내던지지 않았어도 결과는 같았을 거라고 생각합니다. 나오코는 역시 죽음을 선택했을 겁니다. 하지만 그것과는 관계없이 저는 저 자신을 용서하기 힘듭니다.

『노르웨이의 숲』 하권, 281쪽

이에 대해 레이코는 다음과 같이 말합니다.

당신이 만약 나오코의 죽음에 대해 뭔가 고통 같은 것을 느끼는 거라면 당신은 그 고통을 남은 인생을 통해 계속 느끼세요. 그리고 만약 배울 수 있는 거라면 거기에서 뭔가를 배우세요. 하지만 그것과는 별개로 미도리 씨와 둘이서 행복해지세요. 당신의 고통은 미도리 씨와는 상관없는 일이니까요. 더이상 그녀에게 상처를 준다면, 이제 돌이킬 수 없는 일이 돼요. 그러니까 괴롭겠지만 강해지세요. 더 성장해서 어른이 되세요.

『노르웨이의 숲』 하권, 281~282쪽

나오코를 잃은 고통을 계속 느끼며 그것으로부터 뭔가를 배우는 것, 그리고 앞으로는 미도리와의 행복을 우선하는 것. 이것이 레이코가 와타나베에게 해주는 조언입니다. 레이코는 나오코의 죽음을 단순히 슬퍼하는 것이 아니라 배움으로 이어지도록 하라고 촉구합니다. 그 경험을 슬픈 추억으로만 기억하는 게 아니라 성장을 위한 양식으로 살리도록 제안하는 것입니다.

이에 반해 서른일곱 살의 와타나베가 다시 이야기하는 것을 통해 시도했던 것은, 〈자신을 책망하는 나오코〉를 〈자신을 책망하지 않는 나오코〉로 바꿔 쓰는 일이었습니다. 그것은 과거와 마주하는 것이라기보다 일어나지 않은 일로 만들려는 시도였습니다.

그러나 다시 이야기하는 것을 통해 가해자 의식으로부터 도망치는 것은 불가능했습니다. "저 자신을 용서하기 힘듭니다."라고 말하는 스무 살의 와타나베는 현재의 서른일곱 살 와타나베의 기분을 대변하고 있다고 말할 수 있겠지요.

가해자 의식에 시달리는 상태란 기억의 희생자가 되어 있는 상태입니다. 과거에 계속 휘둘리는 무력한 자신을 계속 인정하는 상태입니다. 이에 반해 레이코는 그 슬픔을 경험한 자신을 받아들이고 미래의 양식으로 삼으라고 조언합니다. 경험한 자신을 부정하는 것이 아니라 긍정하여 받아들이라는 것입니다.

자기부정을 멈추지 못하는 와타나베는 기억을 다시 씀으로써 해결책을 찾습니다. 하지만 마지막 장면이 말하는 것처럼 혼란이 더욱 심해진 자신을 자각하며 작품은 끝납니다. 나아가 제1장에서 서른일곱 살의 와타나베가 혼자 비행기를 타고 있다는 점에서 미도리와의 관계도 결과적으로 성과 없이 끝났다는 점이 시사되고 있습니다.

사람은 자신이 믿는 이야기 속에서 살아갑니다. 이야기는 신념이라고도 말할 수 있습니다. 자기부정을 계속 안고 있으면 과거의 상처로부터 회복할 수 없는 약한 자신을 계속 인정하게 됩니다. 그래서 아무리 과거의 기억을 고쳐 쓰고 다시 이야기한다고 하더라도 자신에 대한 이해(즉, 약한 자신, 수동적인 자신이라는 자기 이미지)가 바뀌지 않으면 문제는 해결되지 않습니다. 오히려 기억이 희미해짐에도 상처는 깊어질 뿐입니다.

자기부정이란 자신의 통제력을 포기한 상태이기도 합니다. 그것은 자기 자신이 외부의 뭔가에 늘 휘둘리는 존재라는 걸 인정하는 상태입니다. 앞으로 나아가려는 자신을 방해하는 존재입니다. 거기에 자유는 없습니다.

자유는 자신에 대한 신뢰를 전제로 합니다. 지금까지 쌓아온 경험 위에 선 자신이라는 존재를 긍정함으로써 자신에 대한 신뢰도 생깁니다. 신뢰가 없으면 과거를 극복할 수 있는 자신에 대한 자신감도 자라지 않습니다. 『노르웨이의 숲』은 현대의 화자가 돌아오지 않는다는 설정을 통해 자신에 대한 신뢰를 잃는 것의 부자유함을 깨닫게 해주는 작품이라고 할 수 있습니다.

2. 선악 이원론이 자유를 빼앗는다 ― 『1Q84』

조직의 존속을 목적으로 하는 '리틀 피플'

무라카미 하루키는 옴진리교 사건에 대한 논픽션 작품 『언더그라운드』와 『약속된 장소에서』를 발표한 후 장편소설 『1Q84』(1과 2를 2009년에, 3을 2010년에 발표)에서 옴진리교를 떠올리게 하는 종교단체 '선구先驅(사키가케)'를 등장시킵니다. '선구'에 대한 묘사를 통해 하루키는 선악 이원론으로 이야기되던 옴진리교 및 그 사건에 대해 의문을 제기합니다.

무대는 1984년의 도쿄입니다. 29세의 아오마메와 그녀의 초등학교 시절 동급생인 덴고, 이 두 사람이 홀수 장과 짝수 장 각각의 주인공으로 등장하여 이야기를 펼쳐갑니다. 아오마메는 여성판 '살인 청부업자'라 할 수 있는 존재로, 가정폭력에 시달리는 여성으로부터 의뢰를 받아 그 파트너를 살해하는 일을 합니다.

아오마메와 덴고는 초등학교 시절부터 연심을 품고 서로를 의식해왔지만 아오마메가 전학을 간 후 두 사람이 다시 만날 기회는 없었습니다. 하지만 두 사람은 계속 서로를 생각하며 언젠가 다시 만나게 되기를 꿈꾸고 있습니다.

아오마메는 늘 70대 중반의 '노부인'으로부터 지시를 받아 범행 현장으로 향합니다. '노부인'은 여성들을 위한 쉼터를 운영하고 있으며, 여성에게 폭력을 휘두른 남자를 처벌하는 목적으로 아오마메에게 일을 의뢰합니다. 살해 방법은 목 뒤에 있는 급소를 극세 얼음송곳으로 흔적이 남지 않을 만큼 가볍게 찔러 죽이는 것입니다. 이 방법에 의해 타살로 인정될 만한 흔적은 남지 않고, 자살이나 심장 발작에 의한 사망으로 처리됩니다.

어느 날 아오마메는 '노부인'으로부터 지금까지 해온 일 중 가장 위험한 의뢰를 받습니다. 그것은 '선구'의 '리더'를 살해하는 것이었습니다. '리더'는 어린 소녀에 대한 성폭력 혐의가 있으며, 그 피해자로 보이는 소녀가 쉼터를 찾아온 것을 계기로 '노부인'은 아오마메에게 살해를 지시한 것입니다.

'노부인'은 '리더'가 만성적인 신체 통증에 시달리고 있다는 정보를 알고, 아오마메가 마사지사로서 그에게 시술할 수 있는 기회를 마련합니다. 아오마메는 호텔의 한 방에서 '리더'와 단둘이 있게 되고, 마사지를 하면서 얼음송곳을 찌를 타이밍을 살핍니다. 그러나 '리더'와 대화를 함에 따라, 상대가 아오마메의 진짜 목적을 알고 있으면서도 면담을 받아들였다는 사실을 깨닫게 됩니다. 오히려 '리더'는 고통에서 해방되기 위해 아오마메에게 살해당하는 것을 원하고 있다고 말하는 것입니다.

'리더'는 물체를 공중에 띄우거나 다른 사람의 마음을 읽는 등의 특수 능력을 지니고 있으며, 그 능력은 정체를 알 수 없는 '리틀 피플'이라는 존재에 의해 '목소리를 듣는 자'로 선택되었기 때문이라고 합니다.

소설 제목으로부터도 추측할 수 있듯이 이 작품은 영국 작가 조지 오웰이 1949년에 발표한 소설 『1984』와의 연관성이 암시되어 있습니다. '리틀 피플'은 오웰의 소설에 등장하는 '빅브라더'의 대조적인 존재로 추측되지만, '리틀 피플'은 '빅브라더'처럼 명확한 절대 권력을 소유한 존재는 아닙니다. 그 절대적인 영향력은 분명하지만 그 존재가 선인지 악인지는 아무도 알 수 없습니다.

'리틀 피플'은 교단의 성장을 지원하는 것이 목적이며 그 존속을 위협하는 존재는 제거해나갑니다. '노부인'을 통해 교단에 접근하려는 아오마메를 제거하는 대신 아오마메의 친구 아유미를 제거함으로써 경고를 전합니다. 아유미는 호텔에서 나체 상태로 목이 졸려 살해당했습니다. 하지만 '리틀 피플' 자체가 살인을 저지른 것은 아닙니다. '리더'는 아오마메에게 다음과 같이 설명합니다.

아니야, 그들은 살인자가 아니야. 스스로 손을 써서 누군가를 파괴하는 일은 하지 않아. 네 친구를 죽인 것은 아마 그녀 스스로 품고 있던 어떤 것이었을 거야. 늦든 빠르든 똑같은 비극은 일어났을 거야. 그녀의 인생은 위험요소가 들어 있었어. 그들은 단지 거기에 자극을 주었을 뿐이야.

『1Q84』 2 전편, 316쪽

실제로 아유미는 바에서 낯선 남자에게 말을 걸어 호텔로 가는 버릇이 있었습니다. 또한 남성에게 폭력에 가까운 위험한 행위를 요구하는 성적 성향도 있습니다. 그것은 그녀의 심적 문제를 나타내고 있었습니다. '리틀 피플'은 아유미의 자학적인 부분에 자극을 줌으로써 아유미가 살해되는 상황을 자연스럽게 만들어낸 것입니다.

'절대적인 선도 절대적인 악도 없다'
'리더'는 아오마메에게 이 세상에는 절대적인 선도 절대적인 악도 없다고 말합니다.

"이 세상에는 절대적인 선도 없고, 절대적인 악도 없다."고 남자는 말했다. 선악이란 고정된 것이 아니라 늘 장소와 입장을 바꾸어 계속 움직이는 것이다. 하나의 선은 다음 순간에는 악으로 바뀔지도 모른다. 그 반대도 있다. 도스토옙스키가 『카라마조프의 형제들』에서 그린 것도 그런 세계의 양상이다. 중요한 것은, 움직여다니는 선과 악의 균형을 유지하는 것이다. 어느 한쪽으로 지나치게 기울면 현실의 도덕을 유지하기 어려워진다. 그렇다, <u>균형 그 자체가 선인 것이다.</u>

『1Q84』 2 전편, 312~313쪽, 강조는 원문

'리더'의 견해는 아오마메와 '노부인'의 그것과는 대조적입니다. 아오마메와 '노부인'은 여성에게 해를 끼치는 남성을 절대적인 악으로 보고, 그들을 제거하는 행위의 정당성을 믿고 있었습니다. 그러나 악이라 믿어왔던 '리더'는 '리틀 피플'이라 불리는 강한 힘을 가진 뭔가의 명령을 받아 행동하고 있던, 어떤 의미에서는 수동적인 존재였습니다. 나아가 그 '리틀 피플'의 목적은 조직의 존속이지 인간 살해 그 자체는 아니었습니다.

"이 세상에는 절대적인 선도 없고, 절대적인 악도 없다.", "균형 그 자체가 선인 것이다."라는 '리더'의 말은 어떤 의미일까요? 아오마메나 '노부인'에게는 폭력적인 남성이 '절대적인 악'일지 몰라도, 살인을 저지르면 아오마메나 '노부인'이 법적으로 '절대적인 악'의 편에 서게 됩니다. '리틀 피플'에게는 조직을 존속시키는 것이 '절대적인 선'이며, 그 존속을 방해하려는 아오마메 같은 존재는 '절대적인 악'이 되는 것입니다. 이처럼 선악의 판단은 자신이 어떤 입장에 서서 어떤 주장을 하는지에 따라 변하기도 한다는 점을 '리더'는 전달합니다.

'리더'는 또 다음과 같이도 말합니다.

A라는 견해가 그든 그녀든 그 사람의 존재를 의미 있는 것으로 보이게 해준다면 그것은 그들에게 진실이다. 그리고 B라는 견해가 그 사람의 존재를 무력하고 왜소한 것으로 보이게 한다면 그것은 거짓이다. 아주 명확하다. 만약 B라는 견해가 진실이라고 주장하는 사람이 있다면, 사람들은 아마 그 인물을 증오하고 묵살하며 경우에 따라서는 공격할 것이다. 논리가 맞다든가 실증이 가능하다든가, 그런 것은 그들에게 아무런 의미도 없다. 대부분의 사람은 자신이 무력하고 왜소한 존재라는 이미지를 부정하고 제거함으로써 가까스로 제정신을 유지하고 있는 것이다.

『1Q84』2 전편, 299~300쪽

우리는 무의식 중에 자신에게 유리한 견해를 선택하고 그것을 진실이라 믿어버립니다. 그리고 다른 견해를 선택한 타인을 공격합니다. 그들에게는 자신이 '선'이고, 자신과 다른 견해를 말하는 사람은 '악'이 되는 것입니다.

선악의 판단에 대한 지나치게 강한 신념이 폭력과 닿아 있다는 점은 하루키가 옴 진리교 사건을 통해 실감했던 것입니다. 『약속된 장소에서』에 수록된 무라카미 하루키와의 대담에서 심리학자 가와이 하야오 씨는 많은 살인이 '정의'를 근거로 하여 이루어지고 있다고 지적합니다.

> 악의에 근거한 살인으로 죽는 사람 수는 모르겠지만 정의를 위한 살인은 누가 뭐래도 무척 많습니다. 그래서 좋은 일을 하려고 하는 것은 굉장히 어려운 일입니다. 이 옴진리교 사람들 역시 아무래도 '좋은 일'에 사로잡힌 사람들이니까요.
> 『약속된 장소에서』, 297쪽

이 책의 제2장에서 말한 대로, 아사하라 쇼코는 자신들이라는 선한 존재를 공격해오는 악의 존재가 있다고 믿고, 또 그것을 신자들에게도 믿게 함으로써 교단을 키워왔습니다. 아사하라의 이야기에서는 '선한 존재'와 '악한 존재' 사이에 명확한 경계선이 그어져 있었습니다. 그 신념이 테러 사건으로 발전한 것입니다.

『1Q84』의 '리더'는 이렇게도 말합니다.

> 세상 사람들은 대부분 실증 가능한 진실 같은 걸 원하는 게 아니야.

대개의 경우, 진실이라는 것은 네가 말한 것처럼 강한 고통을 수반하지. 그리고 대개의 인간은 고통을 수반하는 진실 같은 건 원하지 않아. 사람들이 필요로 하는 것은 자기 존재를 조금이라도 의미 있게 느끼게 해주는 아름답고 편안한 이야기야. 그러니까 종교가 성립하는 거지.

『1Q84』 2 전편, 299쪽

"자기 존재를 조금이라도 의미 있게 느끼게 해주는 아름답고 편안한 이야기"를 원하는 사람들에는, 아사하라가 들려주는 '이야기'에서 편안함을 느낀 신자들도 포함되어 있겠지요. 하지만 한편으로, 옴진리교 사건을 알고 아사하라나 교단이라는 '악'을 사회에서 제거함으로써 '문제'가 해결된다고 믿은 사람들도 '리더'가 말하는 '대개의 인간'에 포함됩니다. 자신의 선을 증명해주는 '아름답고 편안한 이야기'를 믿는 사람들인 것입니다.

'강한 고통을 수반하는' 진실이란 자신에게 불편한 진실, 받아들이기를 거부하고 싶어지는 진실을 말합니다. 하루키의 말에 따르면 그것은 "인간이라는 존재는 자신의 시스템 안에 항상 악의 부분 같은 것을 안고 살아간다."(『약속된 장소에서』, 310~311쪽)라는 진실을 가리키겠지요. 그리고 자신 안에 있는 악의 부분을 인정하고 싶지 않은 사람이야말로 옴진리교의 일련의 사건에 대해 '분노'로 반응했다고 합니다.

> 하루키: 누군가 어떤 계기로 그 악의 뚜껑을 툭 열어버리면 자기 안에 있는 악한 것을 맞거울처럼 보지 않을 수가 없습니다. 그래서 세상 사람들은 그렇게 터무니없이 분노한 것이 아니었나 싶습니다.(중략)
> 가와이: 다들 자기한테 실질적인 해가 없는 누군가를 벌하는 걸 무척 좋아합니다.
> 『약속된 장소에서』, 311쪽

사람이 타인에게 분노를 느낄 때, 그 상대가 자기 안에 있는 보고 싶지 않은 것을 구현하고 있는 경우가 자주 있습니다. 사실은 그 상대가 거울이 되어 자기 안에 있는 것을 보여주고 있는데도 보고 싶지 않으니까 분노로 반응하는 것입니다. 옴진리교에 대한 사람들의 분노야말로 '아름답고 편안한 이야기'만을 요구하는 그들 쪽의 문제를 밝혀주었던 것입니다.

상대의 '악'에 의존한 자기긍정

그렇게 생각해보면 선인가 악인가라는 사고 방식이 많은 문제를 낳고 있다는 것을 알 수 있습니다. 절대적인 선을 믿기 때문에 절대적인 악이라는 존재가 있다고 믿고, 그것을 찾습니다. 그리고 악을 비난함으로써 자신의 선함을 증명하려고 합니다. 이런 방법에 의한 자기 인식은 의존 관계를 만들어냅니다. 선한 '나'는 악한 '너' 없이는 존재할 수 없기 때문입니다. 이런 의존 관계 때문에 아사하라는 신자들에게 악한 존재에 대해 계속해서 입증해야 했고, 최후에는 파괴적인 행동으로 자신을 멸망시키게 된 것입니다.

하루키는 이야기가 아사하라를 넘어선 것이 아닐까 하고 말합니다.

> 이건 제 가설입니다만 아사하라가 제시한 이야기가 그 자신을 넘어서버린 일도 일어날 수 있는 게 아닐까 싶습니다.
>
> 『약속된 장소에서』, 287쪽

외부에 존재하는 절대적인 악을 주장하는 이야기는 그 이야기의 현실성을 계속해서 증명하기 위해 끊임없이 계속되어야 합니다. 아사하라는 자신이 만들어낸 이야기에 스스로가 지배당하는 상태를 만들고 말았다는 것입니다.

이는 '리틀 피플'이라는 비유를 써서 생각하면 이해하기 쉽겠지요. '리틀 피플'의 목적은 조직의 존속입니다. 그 때문에 불편한 것을 제거하려 하거나 제거되는 상황을 만듭니다. 아사하라는 교단이라는 조직을 확대해감에 따라 '리틀 피플' 같은 것에 지배당하게 된, 즉 교의나 사상을 깊게 하여 교단으로서 사상적인 성취를 지향하는 바람직한 목적에서 벗어나 조직의 존속을 위해서는 어떤 수단도 불사할 수밖에 없는 상황을 만들어버렸다는 것입니다.

'선구'의 '리더'도 시스템이 스스로 움직이기 시작하는 모습을 설명합니다.

> "(중략) 시스템은 일단 형성되면 그 자체의 생명을 갖기 시작하는 법이다."
>
> 『1Q84』 2 전편, 313쪽

이렇게 생각하면 아사하라가 정말로 자신을 선, 가스미가세키에서 일하는 사람들을 악으로 인식하고 있었는지 어떤지도 확실치 않게 되겠지요. 아사하라 역시 '리틀 피플'이라는 압도적인 힘에 휘둘린 존재였는지도 모릅니다.

거듭 말하자면, '리틀 피플'이라는 것은 정의와 악이라는 이원론의 틀 안에서만 사건을 파악하고 단죄하려 한 '이쪽'의 매스미디어나 시청자 속에도 숨어 있었습니다. 자신들의 선을 계속 믿기 위해 악한 존재를 규탄하는 방식은 옴진리교의 자세와 유사한 것이며, 그 자세 때문에 '이쪽에 속한 우리 역시 진실로부터 멀어지고 있었습니다. 나아가 그런 '맹목성'은 사건 피해자에게 '2차 가해'를 초래하게 됩니다.

지하철 사린 사건 피해자 중에는 사건 후 지하철을 탈 수 없게 되기도 했고, 그때까지와 같은 일의 성과를 내지 못하게 된 사람들 중 해고되거나 좌천된 사람도 있다고 전해집니다. 산업재해였어야 할 사건의 피해가 회사에서 받아들여지지 않는 현실에 대해, 가와이 하야오 씨는 옴진리교에 대한 혐오감이 사건의 피해자에게까지 향하게 되었기 때문이라고 말합니다.

> 가와이: 옴진리교에 대한 세상의 적의가 피해자에게로 향하는 겁니다. 피해자 쪽까지 '이상한 인간'이 되어버려요. 옴진리교는 괘씸하다는 의식이 "뭘 아직도 중얼중얼 투덜거리고 있는 거야."라고 피해자 쪽으로 향해버리는 겁니다. 그런 고통을 경험하고 있는 사람도 많을 거라고 생각합니다.
> 하루키: 지진[인용자 주: 한신·아와지 대지진] 때도 그랬지만 처음에 흥분이 있고, 그러고 나서 동정 같은 것으로 바뀌고, 그게 지나면 "아직도 하고 있어?"라는 것으로 바뀌어 버리지요. 단계적으로.
> 가와이: 맞습니다. 옴진리교에 대한 더러움이나 그런 여러 가지 이미

지가 피해자 쪽에 덮어씌워지는 겁니다.

『약속된 장소에서』, 284쪽

　피해자들이 이런 유의 '2차 가해'를 당하고 있다는 이야기를 신문 기사에서 읽었던 것이 피해자에 대한 인터뷰를 결심한 계기였다고 하루키는 『언더그라운드』에서 말했습니다.
　그런데 이 '2차 가해'도 그들의 개별적인 목소리에 귀 기울이지 않아서 생겨난 것이라 말할 수 있겠지요. 이 책의 '서문'에서도 언급했듯이 '많은 피해자 중 한 사람$^{One\ of\ them}$'으로 설명되는 뉴스의 이야기에 대해 시청자가 호감을 갖는 일은 좀처럼 없습니다.
　그러나 하루키는 피해자 한 명 한 명의 이야기에 차분히 귀 기울임으로써 상대에게 호의를 갖게 되었다고 말합니다. 인터뷰를 하는 상대가 특별히 호감이 가는 성격을 가졌기 때문이 아닙니다.
　누구나 가진 각자의 인생 속 이야기에 귀 기울이면 그들 한 사람 한 사람이 지닌 강인함과 늠름함, 친절함과 따뜻함이 저절로 스며나오기 때문에 상대에게 다가가고 싶어지는 것입니다. 그런 그들 각자의 목소리를 포함한 보도가 매스미디어에 의해 이루어졌다면, 또는 각자의 목소리에 다가가는 것의 중요성을 많은 사람들이 이해했다면 이 '2차 가해'는 막을 수 있었을지도 모릅니다.

상대의 '악'에 의존한 자기긍정으로는 진실에 다가갈 수 없습니다. 절대적인 '악'에 가까운 것이 있다면 그것은 절대적인 '악'이 존재한다고 믿는 마음, 그리고 상대에 대한 공격을 정당화하는 사고 방식이라고 말할 수 있을지도 모릅니다.

2018년에 아사하라 쇼코의 사형이 집행되었습니다. 그때 마이니치 신문에 기고한 기사에서 하루키는 "이번 사형 집행으로 옴진리교 관련 사건이 종결된 것은 아니다."(2018년 7월 29일자)라고 말했습니다.

옴진리교 사건이 드러낸 문제는 명백히 옴진리교만이 품고 있는 문제가 아니었습니다. 일본 사회는 재판을 통해 아사하라와 실행범들을 심판하면서도 사건이 드러낸 '이쪽' 문제와는 제대로 마주하지 않았습니다.

그래서 해야만 했던 것은 일본 사회와 일본인이 자신들과 깊이 대화하는 일이었는지도 모릅니다 ―자신의 사고 패턴이야말로 적을 만들어내고, 자신들의 자유를 속박하고 있는 게 아닐까 자문하면서.

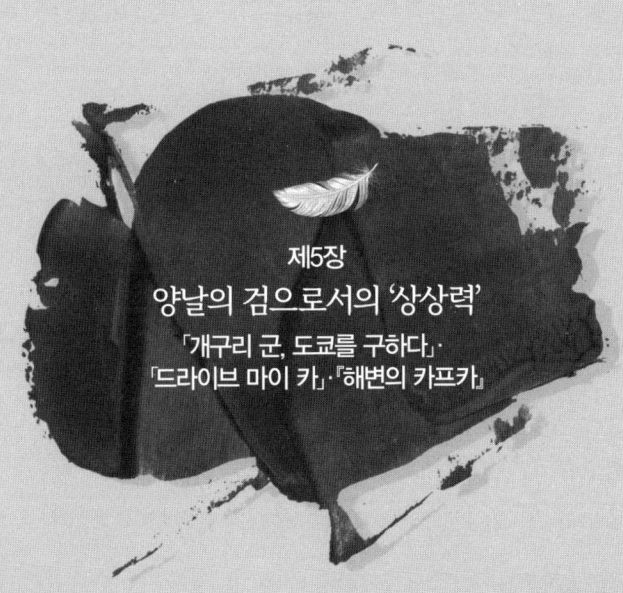

제5장
양날의 검으로서의 '상상력'
「개구리 군, 도쿄를 구하다」·
「드라이브 마이 카」·『해변의 카프카』

앞 장에 이어 하루키 작품을 다시 읽어나가겠습니다. 여기서는 상상력을 주제로 한 작품으로 「개구리 군, 도쿄를 구하다」(1999년 발표), 「드라이브 마이 카」(2013년 발표), 『해변의 카프카』를 다루고, 상상력의 사용이 부자유를 초래하는 예를 살펴보며 상상력과 어떻게 관계를 맺는 것이 좋은지에 대해 하루키 작품으로부터 어떤 힌트를 얻을 수 있을지를 생각해보겠습니다.

1. 부자유를 일으키는 '울림과 떨림' — 「개구리 군, 도쿄를 구하다」

정말 무서운 것은 상상력이 결여된 인간

무라카미 하루키의 작품에는 '양 사나이'나 '야미쿠로', '리틀 피플'

이나 말을 하는 '그림자' 등 독특한 캐릭터로 가득합니다. 작가의 상상력이 준 선물이라 할 수 있겠지요.

하루키 작품은 또 상상력이라는 것에 대한 시사로 풍부합니다. 예를 들어 『해변의 카프카』의 주인공 카프카 소년은 개인의 상상이나 꿈속에서 이루어지는 행위에 대해 사람은 어느 정도 책임이 있는지를 고민합니다. 그리고 카프카 소년을 돕는 역할을 하는 오시마 청년은 상상력이 결여된 인간에 대해 강한 혐오감을 드러냅니다.

> 다만 내가 그것보다 더 지긋지긋한 것은 상상력이 부족한 사람들이야. T. S. 엘리엇이 말한 〈공허한 인간들〉이지. 상상력이 결여된 그런 부분을, 그 공허한 부분을 무감각한 지푸라기로 메워서 막아놓고 있는 주제에 정작 본인은 그것을 깨닫지 못하고 바깥을 돌아다니는 인간 말이야. 그리고 그 무감각함을, 공허한 단어를 늘어놓고 남들에게 억지로 강요하려는 인간들이지. (중략) 상상력을 결여한 협량함, 비관용성, 혼자 걸어다니는 테제, 공허한 용어, 찬탈당한 이상, 경직된 시스템. 정말 무서운 것은 그런 것이야.
>
> 『해변의 카프카』 상권, 384~385쪽

상상력이 결여되어 있다는 사실은 상상력 없이는 자각할 수 없습니다. 결여를 보완하려 해도 애초에 그 결여를 자각할 수 없는 것입니다.

지진이라는 '대청소'

「개구리 군, 도쿄를 구하다」는 1995년 한신·아와지 대지진을 계기로 하루키가 발표한 단편집 『신의 아이들은 모두 춤춘다』(2000년)에 수록된 한 단편입니다. 2022년에는 프랑스의 애니메이션 작가 피에르 폴데스Pierre FÖLDES 감독에 의해 〈장님 버드나무와 잠자는 여자〉라는 제목으로 영화화되었고, 같은 해 개봉한 대히트 영화 〈스즈메의 문단속〉에서는 신카이 마코토 감독이 직접 「개구리 군, 도쿄를 구하다」에서 영향을 받았다고 명백히 인정했습니다(NHK 〈클로즈업 현대〉 2022년 12월 12일 방송).

『신의 아이들은 모두 춤춘다』에 수록된 작품은 모두 어떤 형태로든 정신적으로 대지진의 영향을 받은 사람들의 이야기로, 그중에서도 「개구리 군, 도쿄를 구하다」는 판타지 요소가 강합니다. '개구리 군'이라 자칭하는 개구리가 도쿄를 구하기 위해 나섭니다.

주인공은 하루키 작품에서 아주 드문 샐러리맨인 가타기리입니다. 가타기리는 성실하게 일하지만 화려함과는 거리가 먼 삶을 살고 있습니다. 독신이며 남에게 자랑할 만한 것도 없고 자존감도 낮은 인물입니다. 어느 날 가타기리가 아파트로 돌아오자 2미터가 넘는 개구리가 방 안에서 그를 기다리고 있습니다. 그 모습에 눈을 의심하는 가타기리를 신경 쓰지도 않고 개구리는 "개구리 군이라고 불러주세요."라고 자기소개를 한 후 도쿄 지하에 사는 전철만큼이나 커다란 '지렁이 군'을 상대로 자신과 함께 싸워달라고 요청합니다. 사흘 후 이 '지렁이 군'이 도쿄를 괴멸시킬 정도의 대지진을 일으킬 것이기 때문이라고 합니다. '개구리 군'은 '지렁이 군'에 대해 이렇게 설명합니다.

> 그는 평소 늘 깊은 잠에 빠져 있습니다. 땅속의 어둠과 온기 속에서 수년 혹은 수십 년 동안 계속 잠들어 있습니다. 당연하게도 눈은 퇴화했습니다. 뇌수는 수면 중에 끈적끈적하게 녹아 뭔가 다른 것이 되어버렸습니다. 사실을 말하자면, 그는 아무 생각도 하고 있지 않다고 저는 추측합니다.
> 『신의 아이들은 모두 춤춘다』, 161쪽

오랜 기간 잠든 채 있었던 지렁이 군은 고베에서의 대지진을 계기로 잠에서 깨어났다고 합니다. 지렁이 군은 화가 나면 지진을 일으키는 습성이 있는데 지금 바로 화가 나 있다고 합니다. 이것은 핵실험으로 거처를 잃은 '고질라'가 일본을 습격해 도시를 파괴하는 이야기와도 닮아 있습니다. 개구리 군은 지렁이 군에 대한 설명을 계속 이어갑니다.

그는 단지 멀리서 다가오는 울림이나 진동을 신체로 감지해 하나하나 흡수하고, 축적하고 있을 뿐이라고 생각합니다. 그리고 그 대부분은 어떤 화학 작용에 의해 증오라는 형태로 치환됩니다.

『신의 아이들은 모두 춤춘다』, 161쪽

여기서 말하는 "멀리서 다가오는 울림이나 진동"은 사람들의 감정이나 '기분(念)' 같은 것을 가리키는 것으로 보입니다. 그것들의 축적이 화학 작용에 의해 증오로 변했다는 것은 그것이 쾌적한 '울림이나 진동'이 아니었다는 것으로 추측할 수 있습니다. 사람들의 부정적 감정이 내뿜는 에너지를 지렁이 군은 계속 흡수해왔고, 그 부정적 에너지가 그의 몸 안에서 팽창한 결과, 지진이라는 형태로 발산(지렁이 군 자신의 정화)하려는 것입니다.

지진을 일으키려 한다고 하면 지렁이 군은 매우 사악한 존재처럼 느껴지지만, 그는 지구의 '울림이나 진동'을 완충재가 되어 흡수하고 있었던 존재라고도 생각할 수 있습니다. 하지만 지렁이 군에게도 한계가 있어 더이상 감당할 수 없게 된 결과, 지진이라는 형태로 자기 체내의 대청소를 하려는 것입니다. 지렁이 군이 흡수한 '울림이나 진동'이 만약 긍정적인 것이었다면, 그것은 증오가 아닌 다른 것으로 바뀌었을 겁니다. 그것은 축적되어도 정화를 필요로 하는 유형의 것이 아니고, 지진을 일으킬 필요도 없었겠지요.

그렇게 생각해보면 지렁이 군이 지진을 일으키게 된 원인은 지상에서 '울림이나 진동'을 만들어낸 인간 측에 있으며, 지렁이 군의 역할은 지진으로 도쿄를 파괴하는 것이 아니라 인간을 포함한 지구 전체를 정화하는 것이라 볼 수 있습니다. 또한 의식이나 감정의 파동이 지구에 영향을 미친다는 견해는 비과학적으로 보일지도 모르지만, 지하 깊은 곳에서의 에너지 축적이 지진 발생으로 이어진다는 과학적 메커니즘과 닮아 있기도 해서 지구가 어떤 형태로든 정화를 시도한다는 논리에 설득력을 더합니다.

"당신의 용기와 정의가 필요"

가타기리는 왜 개구리 군이 지렁이 군 퇴치의 파트너로 자신처럼 강하지 않은 인간을 선택했는지 묻습니다. 그러자 개구리 군은 가타기리의 근면함을 칭찬합니다. 가타기리는 16년간 신용금고에서 대출 상환 창구 업무를 맡아왔습니다. 상환이 지연되면 직접 방문해 처리합니다. 그래서 미움을 받기 쉬운 일입니다. 상대가 폭력단 관계자일 때도 있습니다. 위험과 맞닿은 일을 계속하면서도 가타기리는 일찍 세상을 떠난 부모를 대신해 동생들을 돌보고 대학까지 보내줍니다.

개구리 군은 가타기리가 "사람들이 하려 하지 않는 소박하고 위험한 일을 맡아 묵묵히 해내며" 동생들을 위해 헌신해온 것에 대해 깊은 존경을 표합니다. 그리고 "함께 싸울 상대를 고르자면 당신만큼 믿을 수 있는 사람은 없습니다."라고 말합니다. 또 싸운다고 해도 실제로 싸우는 건 개구리 군이며, 가타기리에게는 뒤에서 응원해주기를 바랍니다. "당신의 용기와 정의가 필요합니다.", "친구로서 진심으로 저를 지지해주세요."라고 말합니다.

그런 말을 들어도 가타기리는 실감이 나지 않지만 개구리 군을 믿어도 좋을 것 같은 기분이 듭니다. "개구리 군의 얼굴빛과 말투에는 사람의 마음에 솔직하게 전해지는 정직함이 있었다."고 느꼈기 때문입니다. 여기에서 흥미로운 점은 지렁이 군과의 싸움에서 힘의 강함이 아니라 용기와 정의, 정직함과 신뢰가 중시되고 있다는 것입니다. 싸움에 필요한 것으로, 파괴를 위한 무기가 아니라 옳음을 믿는 정신성과 신뢰 관계의 구축이 제시되고 있습니다. 즉 지렁이 군이 품은 '증오'에 맞서기 위해서는 물리적 파괴를 위한 무력보다는 증오를 정화할 수 있는 정신성이 필요하다는 것입니다.

지렁이 군과의 싸움이 벌어졌습니다. 하지만 그것은 가타기리가 의식을 잃고 있는 사이에 있었던 일로, 병실에서 눈을 뜬 가타기리에게는 싸움의 기억이 없습니다. 그때 병실에 들어온 개구리 군은 가타기리가 꿈속에서 자신을 제대로 도와주었다고 말합니다.

지진은 저지할 수 있었지만 싸움은 무승부였습니다. 지쳐버린 개구리 군은 의자에 늘어져 잠에 빠져듭니다. 그러자 순식간에 몸 곳곳에서 혹이 부풀어 올라 파열되고 고름이 튀어나와 참을 수 없을 만큼의 악취를 풍깁니다.

피부가 찢어진 틈에서 구더기와 지네가 기어나와 개구리 군의 몸을 탐식하고, 마지막으로 눈알만이 바닥에 떨어집니다. 그리고 가타기리는 자신의 비명으로 눈을 뜹니다. 그에게는 어디까지가 꿈이고 어디까지가 현실인지 판단할 수 없습니다.

개구리 군의 몸에서 터져 나온 고름이나 구더기의 정체는 설명되지 않습니다. 그러나 지렁이 군과의 싸움이 무승부였다는 점을 생각해보면, 개구리 군이 지렁이 군에게 축적된 증오의 재료인 부정적 에너지를 떠맡은 것이라고도 해석할 수 있습니다. 그리고 그 에너지가 개구리 군의 몸을 부패시켜버리는 것입니다.

개구리 군은 말했습니다. "산산조각이 나더라도 지렁이 군은 죽지 않아요. 그는 산산이 분해될 뿐입니다."(『신의 아이들은 모두 춤춘다』, 181쪽). 즉 아무리 강력한 힘으로 싸움에 나서더라도 지렁이 군은 소멸하지 않습니다. 싸움 후에도 지렁이 군은 지하에 계속 살며, 다시 지상 인간들이 내보내는 파동을 계속해서 흡수합니다.

문제의 근본은 사람들의 상상력

개구리 군은 병실의 가타기리에게 말합니다. "모든 격렬한 싸움은 상상력 안에서 벌어졌습니다. 그것이야말로 우리의 전장입니다." 이 '상상력'이란, 현실과 동떨어진 공상만을 뜻하는 것이 아니라 인간의 내면에 비춰지는 모든 이미지나 마음속에 솟아나는 감정의 총체를 가리킵니다. 지렁이 군이 인간의 내면에서 나오는 '울림과 진동'에 반응하여 결과적으로 대지진(인간의 삶을 위협하는 것)을 일으키게 되는 것처럼 문제의 근원은 사람들의 상상력에 있다고 작품은 전합니다. 이는 개구리 군이 콘래드의 말로 인용하는 "진정한 공포란 인간이 자신의 상상력에 대해 품는 공포다."라는 구절과도 연결됩니다.

또한 개구리 군은 도스토옙스키에 대해 "신을 만들어낸 인간이 그 신에게 버림받는다는 처절한 패러독스"(『신의 아이들은 모두 춤춘다』, 181쪽)를 그린 작가라고 말합니다. 신을 '상상'함으로써 신을 '창조'한 인간이 스스로의 상상(창조)물에게 버림받는다는 시나리오는 〈상상〉을 통해 〈창조〉된 증오가 지진이라는 파괴력을 가지고 자신에게 되돌아오는 이 작품의 내용과 겹칩니다. 이 작품은 바로 〈자업자득〉에 대한 이야기인 것입니다.

지렁이 군이 대지진을 일으키는 것을 막을 수 있는 방법은 단 하나뿐입니다. 부정적인 에너지를 지렁이 군에게 흡수시키지 않는 것, 즉 인간이 분노나 증오, 불안으로 마음을 가득 채우지 않는 것입니다. "눈에 보이는 것이 꼭 진짜라고는 할 수 없습니다."(『신의 아이들은 모두 춤춘다』, 182쪽)라고 말하고 개구리 군은 잠에 빠지는데 눈에 보이지 않는 부분, 즉 인간이 마음속에 쌓아두는 에너지에 의식을 향하는 것이 부자유한 상황을 스스로 만드는 결과를 피하는 방법이 될지도 모릅니다.

'주는 사랑'을 실행하다

애초에 개구리 군은 어떤 존재일까요? 개구리 군은 자신이 오랫동안 예술을 사랑하고, 자연과 함께 살아온 평화주의자였다고 말합니다. 싸우는 것은 결코 좋아하지 않지만 이번만큼은 하지 않으면 안 되기 때문에 나섰다고 이야기합니다.

> 싸우는 건 전혀 좋아하지 않아요. 하지만 하지 않으면 안 되는 일이니까 하는 겁니다. 분명 엄청난 싸움이 되겠지요. 살아서 돌아오지 못할 수도 있어요. 몸의 일부를 잃어버리게 될지도 모르지요. 그래도 저는 도망치지 않아요.
>
> 『신의 아이들은 모두 춤춘다』, 165쪽

개구리 군은 각오를 단단히 다지고 있지만 싸움은 반드시 개구리 군이어야 하는 것은 아닌 듯합니다. 개구리 군은 누군가는 해야 할 싸움을 자발적으로 떠맡은 것입니다. 그러나 그가 떠맡은 일은 누구도 알지 못합니다.

> 만약 싸움에 지고 목숨을 잃더라도 아무도 동정해주지 않아요. 혹시 운 좋게 지렁이 군을 퇴치할 수 있다 해도 아무도 칭찬해주지 않습니다. 발밑 한참 아래에서 그런 싸움이 있었다는 것조차 사람들은 알지 못하니까요. 그걸 아는 것은 저랑 가타기리 씨뿐이에요. 어떻게 되든 고독한 싸움이지요.
> 『신의 아이들은 모두 춤춘다』, 170쪽

개구리 군은 생명의 위협을 무릅쓰고 싸움에 나서지만 아무도 알아주지 않고 고맙게 여기지도 않습니다. 사람들은 애초에 그런 싸움이 있다는 사실조차 모르고 있습니다. 그러한 고독을 알면서도 개구리 군은 그 일을 떠맡습니다. 지렁이 군이 지진을 일으키는 것은 개구리 군 혼자의 책임이 아닙니다. 하지만 누군가는 나서서 대응해야만 합니다. 그래서 자신이 하기로 결정한 것입니다.

개구리 군의 행위는 사랑의 발로라고도 해석할 수 있습니다. 증오의 반대편에 있는 감정이 바로 사랑입니다. 제1장에서 참조한 에리히 프롬은 저서 『사랑의 기술』에서 원래 사랑은 받는 것이 아니라 주는 것이라고 말합니다. 생산적인 성격을 지닌 사람에게 '주는 것'은 그 사람의 능력 중 가장 고차원적인 표현이며, 주는 행위를 통해 자신의 능력과 풍요로움을 실감할 수 있다고 설명합니다.

타인의 평가를 기대하지 않고, 지렁이 군과의 고독한 싸움을 선택한 개구리 군은 '주는 사랑'을 실천하려고 했습니다. 지렁이 군의 증오에 맞서기 위해 사랑의 실천을 통해 지렁이 군을 정화하고 지구를 정화하고 있다고도 볼 수 있습니다.

'내적 의식과 외적 세계'의 맞거울

그리고 개구리 군이 그 싸움의 파트너로 선택한 사람이 바로 가타기리입니다.

> 당신 같은 사람이 아니면 도쿄는 구할 수 없습니다. 그리고 당신 같은 사람을 위해 저는 도쿄를 구하려고 합니다.
> 『신의 아이들은 모두 춤춘다』, 171쪽

이것이 개구리 군이 가타기리를 선택한 이유입니다.

가타기리의 성실하고 근면한 태도는 지하철 사린 사건의 피해자들을 떠올리게 합니다. 매일 아침 만원 전철을 장시간 타고 도심으로 출근하는 사람들은 도쿄를 '아래에서' 떠받치고 있는 이들이었습니다. 그들은 아사하라와 실행범들이 '포아'(옴진리교가 '상대를 죽인다'는 의미로 사용한 용어)하려 했던 가스미가세키 사람들과는 동떨어진 곳에서 성실하고 꾸준히 일하며 사회를 지탱하고 있었던 것입니다. 어떤 의미에서, 주는 사랑을 실천하고 있었던 사람들이라고도 할 수 있습니다. 바로 그런 사람들이야말로 지렁이 군과의 싸움에 필요한 인재이고 또 바로 그런 사람들을 위해 개구리 군이 싸우는 것이라는 점입니다.

무릇 현실이라고는 도무지 믿기 힘든 개구리 군의 설명을 가타기리는 받아들이기로 합니다. 이야기의 신빙성 이상으로 개구리 군이라는 존재를 신뢰하기 때문입니다. 개구리 군이 발하는 '울림과 진동'에 공명했기 때문입니다. 주는 사랑을 실천하는 존재에 공명하는 사람이 동참함으로써 지렁이 군과의 싸움을 더 수월하게 전개할 수 있는 것입니다.

사랑을 실천하는 개구리 군은 지렁이 군의 지진을 멈추게 합니다. 이렇게 분석해보면 어떤 '울림과 진동'은 사람에게 고통이 될 수 있는 현상을 일으키고, 어떤 '울림과 진동'은 특효약이 되는지가 이 작품에 그려지고 있다고 볼 수 있습니다. 사람들이 발하는 '울림과 진동'이 증오로 가득 차 있다면 지구는 지진이라는 형태로 계속해서 자기 정화를 시도하려 하겠지요. 연쇄 폭력을 끊을 수 있는 것은 사랑에 기반한 에너지의 작용을 연쇄적으로 일으키는 것입니다.

다음 문장은 『세계의 끝과 하드보일드 원더랜드』를 언급한 것이지만 의식의 작용에 대해 하루키가 어떤 생각을 가지고 있는지를 엿볼 수 있는 대목입니다.

> 우리의 의식은 우리의 육체 안에 있다. 그리고 우리의 육체 바깥에는 또 다른 세계가 있다. 우리는 그런 내적 의식과 외적 세계의 관계성 안에서 살아간다. 그 관계성은 종종 우리에게 슬픔과 고통과 혼란과 분열을 안겨준다.
> 하지만 하고 나는 생각한다. 결국 우리의 내적 의식은 어떤 의미에서 외적 세계의 반영이고, 외적 세계란 어떤 의미에서 우리의 내적 의식의 반영이 아닌가. 즉, 그들은 한 쌍의 맞거울로서 각각 무한한 은유로서의 기능을 수행하고 있는 게 아닐까?
>
> 『무라카미 하루키 잡문집』, 485~486쪽

하루키는 내적 의식과 외적 세계가 맞거울처럼 서로에게 영향을 미치고 있다고 설명합니다. 「개구리 군, 도쿄를 구하다」에서는 사람들이 발하는 '울림과 진동'과 지구의 현상이 서로 작용한다고 그려져 있습니다.

즉, 외부 현상(작품에서는 '지진')을 변화시키고 싶다면 먼저 자신이 내보내는 '울림과 진동'부터 바꿀 필요가 있습니다. 바라는 결과에 맞게 자신의 '울림과 진동'을 바꾸면 외부 현상에 휘둘리는 부자유함을 막을 수 있을지도 모릅니다. 공격적인 에너지를 사랑의 에너지로 바꾼다면 외부 현상도 사랑으로 감싸인 모습으로 변하겠지요. 이러한 상호작용을 의식하고 자신의 '울림과 진동'을 사랑에 기반한 것으로 바꿈으로써, 더 살기 쉬운 방향으로 삶을 이끌 수 있을지도 모른다고 이 작품은 암시하고 있는 것입니다.

2. 상상이라는 날카로운 칼날을 내려놓다 —「드라이브 마이 카」

상상이 사정없이 자신을 난도질한다

『노르웨이의 숲』이나 『해변의 카프카』 등 뭔가 소중한 것을 잃은 사람들을 빈번하게 그려내는 하루키 문학에서 소중한 여성을 잃은 남성은 주인공이 되기 쉽다고 할 수 있습니다.

여기에서는 『여자 없는 남자들』(2014)이라는 단편집에 수록된 작품 「드라이브 마이 카」를 다루어 외도를 한 아내의 남편 이야기를 따라가 보겠습니다. 하마구치 류스케 감독에 의해 2021년에 영화로 된 〈드라이브 마이 카〉는 세계 여러 나라에서 영화상을 수상하며 널리 화제가 되었습니다. 다만 이 영화는 『여자 없는 남자들』에 수록된 다른 단편인 「셰에라자드」, 「기노木野」의 요소도 더해져 있어 원작과는 많이 다릅니다.

무라카미 하루키의 「드라이브 마이 카」에서 무대 배우이자 연출가인 가후쿠(나이는 대략 예순)는 음주운전을 하다 접촉사고를 일으켜 면허가 정지됩니다. 그래서 자기 차의 전속 운전기사를 고용하게 되는 이야기입니다. 지인에게 소개받은 운전자는 미사키라는 스물네 살의 여성으로 운전 실력은 확실합니다. 미사키는 주 6일 가후쿠를 자택에서 극장이나 촬영장까지 태우고 다니는 일을 실수 없이 수행합니다.

과묵한 두 사람은 차 안에서 거의 말을 주고받지 않지만 우연한 계기로 가후쿠는 미사키에게 일찍 세상을 떠난 아내와 그녀의 외도 상대에 대해 이야기하기 시작합니다. 10년 전에 자궁암으로 세상을 떠난 가후쿠의 아내는 여배우였고, 공동 출연하는 남성과 자주 관계를 맺었습니다. 가후쿠는 그 사실을 알면서도 끝까지 따져 묻지 못하고, 모르는 척하며 부부 관계를 유지했습니다.

아내의 비밀을 알고 있으면서도 모른 척하며 아내를 대하는 것은, "가슴이 심하게 찢기고, 그 안에서 눈에 보이지 않는 피를 흘리며" 살아가는 일이었다고 가후쿠는 회상합니다.

아내가 다른 남자의 품에 안겨 있는 모습을 상상하는 건 가후쿠에게 괴로운 일이었다. 괴롭지 않을 리가 없었다. 눈을 감으면 여러 구체적인 장면이 머릿속에 떠올랐다가 사라지곤 했다. 그런 걸 상상하고 싶지는 않았지만 상상을 안 할 수가 없었다. 상상은 날카로운 칼날처럼 시간을 들여 사정없이 그를 난도질했다. 아무것도 모른 채 있을 수 있었다면 얼마나 좋았을까 하고 생각한 적도 있었다.

『여자 없는 남자들』, 37쪽

가후쿠는 상상을 거듭하며 마치 외도 장면을 직접 본 것 같은 광경을 머릿속에 그려냅니다. 그 상상이 "날카로운 칼날처럼 시간을 들여 사정없이 그를 난도질"하는 것입니다.

잊으려고 무척 애를 썼다. 하지만 안 됐다. 내 아내가 다른 남자의 품에 안겨 있는 장면이 머릿속을 떠나지 않았다. 항상 그것이 되살아났다. 마치 갈 곳 없는 영혼이 천장 구석에 계속 붙어 있어 나를 지켜보는 것처럼. 아내가 죽고 시간이 흐르면, 그런 건 곧 사라질 거라고 생각했다. 하지만 사라지지 않았다. 오히려 전보다 기색이 더 강해졌을 정도다.

『여자 없는 남자들』, 66쪽

마음의 상처는 시간이 치유해준다고들 하지만 그 상처의 원인이 된 상대가 이미 세상을 떠났을 경우에는 시간이 도움을 주지 못합니다. 오히려 〈왜?〉라고 계속해서 묻는 시간이 길어짐에 따라 〈이랬을지도 몰라〉라는 무수한 가설이 생겨나고, 상처는 계속 커져갑니다. 그걸 멈추기 위해서는 끊임없이 가설을 만들어내는 '상상'을 멈춰야 합니다. 상처받은 사람에게 "상상은 날카로운 칼날"이 되어버리기 때문입니다. 그러나 가후쿠는 '왜?'라는 질문을 멈추지 않았습니다. 아는 것에 강한 집착이 있었기 때문입니다.

어떤 경우에도 아는 것이 무지보다 낫다는 것이 그의 기본적인 사고방식이자 삶의 자세였다. 설령 아무리 격렬한 고통이 초래될지라도 나는 그것을 알아야만 한다. 아는 것에 의해서만 사람은 강해질 수 있기 때문이다.

『여자 없는 남자들』, 37쪽, 강조는 원문

아는 것에 가치를 두는 가후쿠는 수수께끼를 그대로 내버려둘 수 없었습니다. 아내가 세상을 떠난 직후, 아내의 마지막 외도 상대였던 다카쓰키高槻와 만날 기회가 생기자 생전 아내에 대한 추억을 함께 나누고 싶다며 식사 자리를 제안합니다. 상대가 아내의 외도 상대였다는 사실을 자신이 알고 있다는 건 숨긴 채 말입니다.

술을 좋아하는 다카쓰키와는 그 후에도 여러 차례 함께 술을 마시며 아내의 추억을 나누었습니다. 하지만 서로 불륜 이야기를 하려고는 하지 않습니다.

"왜 나는 상처받아야 했는가"라는 질문

가후쿠는 처음에 다카쓰키에게 복수 같은 것을 생각하고 있었지만 다카쓰키와 친구 관계를 이어가는 가운데 그 의욕은 점점 희미해져 갑니다. 오히려 친구가 된 다카쓰키에게 마음을 열게 됩니다. 가후쿠는 다카쓰키에게 털어놓습니다.

"내게 무엇보다 괴로운 것은 (중략) 내가 그녀를 —적어도, 아마 그녀에게 중요한 일부를— 진짜로는 이해하지 못했다는 사실이야. 그리고 그녀가 죽어버린 지금, 아마도 그것은 영원히 이해하지 못한 채 끝나버리겠지. 깊은 바다 밑에 가라앉은 작고 단단한 금고처럼. 그걸 생각하면 가슴이 죄여와."

『여자 없는 남자들』, 58쪽, 강조는 원문

"나는 그녀 안에 있는 어떤 중요한 것을 놓쳤는지도 몰라. 아니, 눈으로 보기는 했지만 실제로는 그것이 보이지 않았는지도 모르지."

『여자 없는 남자들』, 59쪽, 강조는 원문

아내의 외도 이유를 계속 생각해온 가후쿠에게 아내의 죽음은 평생 풀 수 없는 수수께끼와 함께 살아갈 것을 강요당하는 일이었습니다. "깊은 바다 밑에 가라앉은 작고 단단한 금고"는 열릴 기회를 영원히 잃어버린 것입니다.

어떤 일이 부당하다고 느껴지거나 도무지 납득이 가지 않을 때 사람은 무슨 일이든 설명을 요구합니다. 가후쿠 같은 경우에는 자신에게 상처를 준 상대에 대해 그 이유를 알고 싶어하겠지요. 그것은 자신이 왜 상처를 받아야 했는가라는 질문에 대한 답을 알고 싶기 때문입니다. 답을 얻음으로써 〈왜〉라는 질문을 반복하게 되는 사고의 고리에서 해방되고 싶기 때문입니다.

〈왜〉의 반복은 무수한 '~일지도 모른다'라는 가설을 만들어냅니다. 아내는 행복하지 않았는지도 모른다, 자신은 남편으로서 부족했는지도 모른다, 남자로서 가치가 없었는지도 모른다, 그리고 "뭔가 중요한 것을 놓쳤는지도 모른다."라고 말이지요. 그런 가설들이 떠오르면 이번에는 그것을 입증하기 위한 증거 찾기가 시작됩니다. 불행했던 아내, 남편으로서 부족했던 자신, 남자로서 가치 없었던 자신, 중요한 것을 놓쳤던 자신 …… 이런 것들을 〈증거〉로서 찾게 되는데 그 증거는 기억 속에서 자의적으로 골라낸 재료에 의해, 이를테면 무無에서 만들어지고 있는 것입니다.

이렇게 되면 이미 사고가 논리적이지 않게 됩니다. '바다 밑의 '금고'를 열고 싶다는 생각이 강해지고, 논리를 건너뛰며 사소한 사실을 기반으로 전체를 말하게 됩니다. 예를 들어 아내의 생일을 잊었다든가, 아내의 요리를 칭찬하지 않았다든가 하는 생활 속 한 가지 결함을 이유로 아내가 마음이 떠났다든지 외도를 했다든지 하는 것은 현실에서 있을 수 없는 일입니다. 인간은 훨씬 더 복잡한 존재입니다. 답이 없는 〈왜〉라는 질문의 고리에 빠져버린 사람은 이렇게 상상력을 폭주시키게 되는 것입니다.

가후쿠가 다카쓰키를 계속 만나는 이유에는 왜 아내의 상대가 이 남자였어야 했는지 알고 싶다는 마음도 있었습니다. 다카쓰키는 자신에게 없는 뭔가를 가지고 있을 것이다, 그것이 자신에게 부족했기 때문에 아내가 외도를 한 것이리라, 그렇게 추측하지만 그 답은 전혀 찾을 수가 없습니다. 가후쿠에게 다카쓰키는 특별한 매력을 가진 남자로는 보이지 않습니다.

가후쿠와 술을 마시며 다카쓰키는 그에게 말합니다.

"하지만 가후쿠 씨, 누군가를 완전히 이해한다는 게 과연 우리에게 가능한 일일까요? 그 사람을 깊이 사랑하고 있다 하더라도요."

『여자 없는 남자들』, 58쪽

아무리 사랑하는 상대라 하더라도 타인의 마음을 완전히 들여다본다는 건 불가능한 일입니다. (중략) 하지만 그게 자기 자신의 마음이라면, 노력만 하면 (중략) 들여다볼 수는 있을 겁니다. (중략) 우리가 해야 하는 것은 자신의 마음과 아주 정직하게 타협해 가는 게 아닐까요. 정말로 다른 사람을 보고 싶다면 자신을 똑바로 깊게 들여다보는 수밖에 없습니다."

『여자 없는 남자들』, 60-61쪽, 강조는 원문

아무리 가까운 상대라도 모든 걸 이해할 수는 없다고 믿는 다카쓰키는, "어떤 경우에도 아는 것이 무지보다 낫다."고 믿는 가후쿠와는 대조적입니다. 그리고 아는 것에 대한 이런 집착이야말로 아내의 외도 이유를 생각하게 만들고 가후쿠를 괴롭혀온 것입니다. 이유가 있을 것이다, 답이 있을 것이다 하는 신념이 답을 얻지 못하는 괴로움을 만들어왔던 것입니다.

한편 다카쓰키는 타인에 대해 이런저런 생각을 하기보다 자신과 마주하는 것이 중요하지 않겠느냐고 지적합니다. 자신에 대해서라면 타인에 대해서보다 더 깊이 이해하려는 노력을 기울일 수 있기 때문입니다.

아는 것에 대한 집착

가후쿠는 상상력에 의해 스스로를 상처 입히고 있었습니다. 하지만 미사키와의 대화를 통해 자신의 마음을 '들여다보게' 됩니다. 그때 자신의 사고가 편향되었음을 깨닫고, 살아가기 힘든 것을 완화하기 위한 힌트를 얻습니다. 가후쿠에게는 아내에 대해 모든 것을 알아내려는 집착이 있었고, 그것이 아내에 대한 상상을 부풀려 결국 자기 자신에게 '날카로운 칼날'을 겨누게 되었던 것입니다.

가후쿠는 미사키가 운전하는 중에 아내와 다카쓰키의 불륜에 대해 이야기합니다. 이에 대해 미사키는 말합니다.

"부인께서는 그 사람한테 마음이 이끌리지 않았던 게 아닐까요."

"그런 건 병 같은 거예요. (후략)"

『여자 없는 남자들』, 68~69쪽

이 말은 가후쿠의 상상이 단지 선입견에 불과했을 가능성을 드러내는 것이었습니다. 아내가 외도를 한 이유는 상대가 자신보다 더 매력적이기 때문이라고 굳게 믿고 있던 가후쿠에게 미사키는, 사람은 꼭 마음이 끌린 상대와 외도를 하는 건 아니라고 말한 것입니다.

가후쿠는 '아내의 외도에는 절대적인 이유가 있었을 것이다', '상대가 다카쓰키여야만 했던 이유가 있었을 것이다', '그녀를 정말 이해할 수 있을 것이다'라는 선입견에 지배당하고 있었지만, 외도의 배경에는 가후쿠가 믿을 만큼 확고한 이유 따위는 없었던 게 아닐까 하고 미사키는 말하고 있는 것입니다.

미사키의 의견은 가후쿠의 선입견을 상대화시킵니다. 사랑하는 상대가 외도를 했는데도 상처받지 않을 사람이 있을까요. 소중한 사람을 빼앗겼다는 것, 소중한 사람이 자신이 아닌 다른 누군가에게 시선을 돌리고 접촉했다는 것을 아는 것은 고통스러운 일입니다. 동시에 외도는 절대적인 악이라는 사회의 공통 인식이 있습니다. 부부 중 한 사람이 외도를 하는 불륜은 커다란 금기로 여겨지고, 그 '죄'를 저지른 사람은 인간성을 의심받기에 이릅니다.

하지만 만약 아내가 외도에 별다른 의미를 두지 않았고 그 관계를 맺었던 상대에게 꼭 마음이 끌렸던 것도 아니었다면 가후쿠는 아내의 행위에 과연 얼마나 '상처받아야 하는가'라는 의문이 생깁니다.

미사키가 취한 관점의 특징은 다음 대화에도 드러납니다. 헤비 스모커인 미사키에게 가후쿠가 경고하는 장면입니다.

"그러다 죽는다." 하고 가후쿠가 말했다.
"그런 말을 하면, 살아 있다는 것 자체가 치명적인 일이에요." 하고 미사키가 말했다.

『여자 없는 남자들』, 63쪽

흡연의 위험성을 경고하는 가후쿠에게 미사키는 흡연만을 치명적이라고 보는 사고방식에 의문을 표합니다. 세상에 생명을 위협하는 요소는 수없이 많고, 사람은 그것들과 늘 접하며 살아가고 있기 때문입니다. 이처럼 외도에 대한 생각과 마찬가지로 미사키는 가후쿠가 갖고 있지 않았던 관점을 제공합니다.

이 작품에서 흥미로운 점은 가후쿠가 외도를 단 한 번도 목격하지 않았고, 아내도 다카쓰키도 외도에 대해 단 한 마디도 입에 올린 적이 없다는 것입니다. 이는 모든 것이 가후쿠의 상상에 지나지 않았을 가능성을 시사합니다.

　아내가 외도를 했고, 그 상대가 다카쓰키였다는 것조차도 가후쿠의 상상력이 만들어낸 결과물에 불과했을지도 모릅니다. 그렇다면 모든 것은 상상력을 '날카로운 칼날'로 만들어낸, 가후쿠의 자작극적인 비극이었다고도 할 수 있습니다.

　자신을 난도질하는 것은 자기 내부에 세계를 만들어낸 상상력이었을지도 모릅니다. 상상으로 인해 괴로워하고 사고를 제한하고 있던 장본인은 타인이 아니라 바로 자신이었을지도 모른다는 것입니다.

　현실이란 눈앞에 펼쳐지는 사건이나 현상을 '나'라는 존재가 의미를 부여함으로써 형성됩니다. 그에 따라 '나'는 자유로워질 수도 있고 자유롭지 못할 수도 있는 것입니다.

　사람은 괴로운 경험을 하면, 자신에게 상처를 준 상대를 특정하고 피해자로서의 자기상을 만들어냅니다. 그러나 실제로 상처를 깊게 만든 것은 자신의 풍부한 상상력이었을지도 모릅니다. 상상력을 창조적 활동을 위해 발휘하는 것은 분명 가치가 있지만, 스스로를 상처 입히는 가설을 만들어내고 그것을 뒷받침할 증거를 찾아내게 만드는 상상력은 이제 내려놓아야 한다고 하루키 문학은 전하고 있습니다.

　　※ 「드라이브 마이 카」는 처음에 잡지에 실린 뒤 일부가 수정되어 단편

집 『여자 없는 남자들』에 수록되었습니다. 여기에서는 단편집에 수록된 것을 참조했습니다.

3. 자신을 부정하는 것의 위험성 —『해변의 카프카』(나카타 편)

"나카타는 머리가 나쁜 사람입니다"

하루키 작품 가운데서도 『해변의 카프카』는 하나의 분기점이라 할 수 있습니다. 그때까지는 대부분 20대에서 30대의 주인공이 등장했지만 이 소설의 주인공은 열다섯 살 소년입니다. 아버지와 둘이서 살던 소년이 가출을 결심하는 순간부터 이야기가 시작됩니다.

이 작품에는 또 한 명의 중심인물인 나카타 씨가 등장합니다. 나카타 씨는 초로의 남성으로, 소년 시절의 사고를 계기로 읽고 쓰는 능력을 잃는 대신 고양이와 대화할 수 있는 특별한 능력을 얻습니다.

나카타 씨는 지적 장애인이라는 이유로 도쿄도로부터 보조금을 받아 혼자 생활하고 있습니다. 고양이와 대화할 수 있다는 특별한 능력은 평소 숨기고 있지만 고양이 찾기의 명인으로 소문이 나서 이웃사람들로부터 실종된 고양이를 찾아 달라는 의뢰가 정기적으로 들어옵니다.

나카타 씨는 누구를 만날 때마다 "나카타는 머리가 나쁜 사람입니다."라는 표현을 마치 버릇처럼 서두에 사용합니다. 상대가 사람이든 고양이든 상관하지 않습니다. 이는 일종의 '변명'으로, 이 변명 덕분에 상대에게 어려운 이야기를 들을 일도 없고, 상대가 깊은 관계를 맺으려 하는 것을 피할 수 있습니다. 자신이 사회적 약자임을 알리면 상대가 나카타 씨를 배려해 필요 이상으로 간섭하지 않게 되기 때문입니다.

그러나 소설을 읽어 보면 알 수 있듯이 나카타 씨는 독특한 말투를 구사하긴 해도 혼자서 삶을 꾸리고 이웃과도 교류하며 타인(고양이도 포함하여)을 충분히 배려할 줄 아는 인물입니다. 나카타 씨는 굳이 자신을 '머리가 나쁜 사람'으로 보이게 하려는 것이라고도 할 수 있습니다.

수컷 고양이인 고마를 찾아 달라는 의뢰를 받고 나카타 씨는 매일 공원에 가서 길고양이들에게 탐문 조사를 벌입니다. 그러다가 오쓰카 씨라는 길고양이(나카타 씨가 나중에 멋대로 이름 붙임)를 만나게 됩니다. 늘 하던 대로 자신은 머리가 나쁜 사람이라고 설명하며 이야기를 하는데, 오쓰카 씨는 다음과 같이 말합니다.

내가 말하고 싶은 건 말이지, 네 문제점은 머리가 나쁘다는 데 있는 게 아니야. (중략) 네 문제점은 말이야, 내 생각인데 말이지, 넌……
그림자가 좀 옅은 것 같아. 처음 봤을 때부터 생각한 건데 땅바닥에
비친 그림자가 보통 사람의 절반 정도밖에 진하지 않아. (중략) 그러
니까 너도 어딘가의 길 잃은 고양이를 찾는 것보다 사실은 네 그림자
의 나머지 반쪽을 진지하게 찾는 편이 낫지 않을까 싶은데 말이지.

『해변의 카프카』 상권, 105~106쪽

나카타 씨는 자신의 그림자가 옅다는 점을 깨닫고 있었지만 지금 이대로도 괜찮다고 말합니다. "저는 이미 나이가 많습니다. 아마 조금 있으면 죽겠지요. (중략) 그러니까 지금 그대로도 충분하지 않을까요."(『해변의 카프카』 상권, 107쪽) 이것이 나카타 씨의 생각입니다.

나카타 씨는 타인에게 자신을 '머리가 나쁜 사람'이라고 〈선언〉함으로써 그런 방식을 스스로 바라는 듯한 태도를 보입니다. 그러한 자기 부정적인 태도는 그림자가 반쪽이라는 비유로 표현되어 있다고 읽을 수 있습니다.

나카타 씨가 그림자의 절반을 잃게 된 계기는 소년 시절의 사건에 있습니다. 나카타는 학교 성적도 좋고 온화한, 이른바 우등생이었습니다. 하지만 아버지로부터 일상적 폭력을 당하고 있었습니다. 전쟁 중 야마나시현에서 담임 선생은 나카타가 때때로 보여주는 겁먹은

표정에서 가정 폭력의 그림자를 느끼고 있었습니다.

어느 날 반 학생들을 데리고 산으로 버섯을 따러 갔을 때 선생님은 갑작스럽게 생리 출혈이 시작된 것을 깨닫습니다. 당황한 채 덤불 속에서 응급 처치를 하고 있었습니다. 나카타가 피 묻은 천을 발견하자 패닉에 빠진 선생님은 무심코 그를 있는 힘껏 때리고 맙니다. 그 후 나카타는 혼수 상태에 빠졌고, 의식을 되찾았을 때는 기억과 읽고 쓰는 능력을 잃어버린 상태였습니다.

나카타의 기억 상실은 일종의 방어 본능이라고도 볼 수 있습니다. 너무나 강한 외상적 경험이나 정신적 스트레스에 노출되었을 때 일시적인 방어 본능으로 뇌가 그 사건에 대한 기억을 차단하는 일이 있습니다. 나카타 역시 가정 폭력에 더해 신뢰를 쌓기 시작한 담임 선생에게서도 예상 외의 폭력을 당함으로써 일종의 스위치를 꺼버린 것입니다.

그 후 나카타 씨가 인사 대신에 스스로 머리가 나쁘다고 반복해서 말하는 모습은 다른 이에게 동등하게 대우받기를 원하지 않았다는 점, 그리고 타인과의 깊은 관계를 피하며 살아왔다는 점을 시사합니다. 그림자가 반쯤 부족한 나카타 씨는 자신 안의 '반쪽'을 포기함으로써 두 번 다시 타인에게 기대하고 배신당하는 일이 없는 인생을 선택했다고 할 수 있습니다. 그것은 자신에 대한 신뢰도, 타인에 대한 기대도 포기한 삶의 방식이었습니다.

텅 빈 것의 무서움

나카타 씨는 그림자가 옅은 자신에게 불편함을 느끼고 있지는 않았습니다. 하지만 그것이 나카타 씨를 무서운 상황에 말려들게 합니다.

나카타 씨가 실종된 고양이 고마를 찾고 있을 때 무서운 얼굴을 한 커다란 개가 다가옵니다. 그 개는 마치 텔레파시 같은 방법으로 나카타 씨에게 따라오라고 전하고, 나카타 씨는 그 말대로 따라갑니다. 개가 데려간 저택에는 '조니 워커'라 자칭하는, 위스키 라벨과 꼭 닮은 인물이 기다리고 있었습니다. 그는 자신이 고양이를 죽이는 자라고 말합니다. 그리고 살아 있는 고양이들이 들어 있는 큰 가방을 꺼내고 고마도 그 안에 있다고 전합니다. 고양이들을 구할 방법은 단 하나, 자신을 죽이는 것뿐이라고 말합니다. 오히려 조니 워커는 나카타 씨에게 살해당하고 싶어하는 것처럼 보입니다.

나카타 씨는 자신이 누구도 죽여본 적이 없고, 그렇게 해야만 하는 이유도 어떻게 해야 할지도 알지 못한다고 말합니다. 그러자 조니 워커는 가방에서 고양이를 한 마리씩 꺼내, 살아 있는 상태에서 복부를 절개하고 심장을 꺼내 먹어버립니다.

눈앞의 광경에 나카타 씨는 말을 잃고 맙니다. 눈을 감고 머리를 감싸안지만 조니 워커는 차례로 다음 고양이의 배를 가릅니다. 세 번째 고양이는 이전에 나카타 씨와 이야기한 적 있는 고양이였고, 역시 같은 방식으로 처리됩니다. 눈을 뜨려 하지 않는 나카타 씨에게 조니 워커는 말합니다:

"눈을 감아선 안 돼. 눈을 감는다고 해서 사태는 조금도 좋아지지 않아. 눈을 감는다고 뭔가가 사라지는 것도 아니야. 오히려 다음 번에 눈을 떴을 때는 사태가 훨씬 더 나빠져 있지. 우리는 그런 세계에 살고 있는 거야, 나카타 씨. 똑바로 눈을 뜨는 거야. 눈을 감는 건 겁쟁이들이 하는 짓이지. 현실에서 눈을 돌리는 건 비겁한 자들이 하는 짓이야. 당신이 눈을 감고, 귀를 막고 있는 동안에도 시간은 계속 흐르고 있어. 똑, 딱, 똑, 딱."

『해변의 카프카』 상권, 310쪽

그리고 조니 워커는 다음 고양이를 꺼냅니다. 그 고양이는 과거에 나카타 씨에게 친절을 베풀었던 암컷 고양이였습니다. 마침내 나카타 씨는 일어나 조니 워커의 가슴을 칼로 찌릅니다. 조니 워커는 웃음소리를 내며 바닥에 쓰러지고 엄청난 양의 피를 토합니다. 그 피가 나카타 씨에게도 튑니다.

조니 워커는 숨을 거두고, 정신을 차린 나카타 씨는 살아남은 고양이들과 함께 풀밭에 누워 있었습니다. 조니 워커의 저택도 조니 워커도 사라졌습니다. 몸에 덕지덕지 묻어 있던 피도 사라졌습니다.

이렇게 해서 나카타 씨는 무사히 고마를 구조해 주인에게 돌려줍니다. 그러나 그 사건 이후 나카타 씨는 고양이들과 대화할 수 있는 능력을 잃습니다. 그리고 "시코쿠에 간다."는 사명을 자각하자, 지금까지 오랫동안 나가본 적 없는 나카노구를 떠나 시코쿠로 향하는 여정을 시작합니다.

여행의 목적 중 하나는 텅 비었던 자신으로부터 졸업하는 것입니다. 나카타 씨는 조니 워커를 죽이고 싶지 않았지만, 어떤 존재가 나카타 씨의 몸을 움직여 조니 워커를 칼로 찌르게 했다고 말합니다. 나카타 씨의 몸을 움직여 조니 워커를 칼로 찌르게 만든 것은 조니 워커의 의식이었는지도 모르고, 나카타 씨 안에 있는 무의식의 일부였는지도 모릅니다.

어쨌든 나카타 씨는 자신의 의지에 반하는 행동을 함으로써 자기 내면의 공허함에 위기감을 느끼고 여행을 떠나게 됩니다. 그토록 강한 의지를 가지고 행동한 것은 소년 시절에 기억을 잃은 이후로 나카타 씨에게는 처음 있는 일이었습니다.

나카타 씨를 움직인 것은 '공허함'에 대한 위기감이었습니다. 자신도 모르는 사이에 악한 행위에 이용될 수 있다는 것에 대한 공포였습니다. 내면의 공허함 때문에 자신이 〈도구〉가 되어 악의 있는 존재에 의해 조종당하고, 뜻하지 않게 누군가를 상처 입히게 될 수도 있다는 것에 대한 공포였습니다.

여기서 말하는 공허함은, 사고하고 판단하는 의지의 포기에서 비롯된 것입니다. 나카타 씨는 소년 시절의 사고 이후로, 가능한 한 〈스스로 선택하는 인생〉을 피해 왔습니다. 머리가 나쁘다며 자신을 낮게 평가하고 타인에게도 그렇게 선언함으로써, 자기 자신과 마주하고 타인과 깊은 관계를 맺으며 얻는 주체적인 삶을 버려왔던 것입니다. 나카타 씨는 겸손하고 온화하며 해를 끼치지 않는 인물로서 주변에도 호의적으로 받아들여져 왔지만 주체성의 포기야말로 비극을 낳는 원인이었습니다.

조니 워커의 말은 비유적인 시사로 가득 차 있습니다. 주체성을 잃고 살아가는 나카타 씨는 '눈을 감고' 살아온 인물이며, "눈을 감아선 안 된다. 눈을 감는다고 사태가 조금도 좋아지지 않는다.", "다음에 눈을 떴을 때는 사태가 더욱 나빠져 있다."는 경고를 받습니다. 눈을 감는 삶의 방식이 상황을 악화시킨다는 말을 들은 것이나 마찬가지입니다.

나카타 씨는 원치 않은 살상에 손을 댑니다만 그를 가해자로 만든 것은 조니 워커라기보다 나카타 씨 자신의 '눈을 감는 삶의 방식'입니다.

자신의 중요성을 의식하다

하루키는 『해변의 카프카』에서 아돌프 아이히만에 대해 언급하며, '눈을 감고' 살아가는 방식에 대해 독자에게 다시 질문을 던집니다. 작품 속 열다섯 살 소년 카프카는 산속 오두막에서 지내는 동안 아돌프 아이히만에 관한 책을 집어듭니다.

아이히만은 유대인을 강제 수용소로 이송하는 계획에서 지휘관 역할을 했던 인물입니다. 그 책에는 전후 재판에서 자신의 죄를 이해하지 못하고 있는 아이히만의 모습이 그려져 있습니다.

아이히만은 상사의 명령을 충실히 따르며 효율적인 이송을 추구했습니다. 그것은 〈일〉이었고 상사의 기대에 부응했을 뿐이라는 인식이 었던 것입니다.

『해변의 카프카』에서는 상상력의 결여라는 테마 안에서 아이히만이 다뤄지고 있습니다. 여기서 말하는 상상력은 〈내면의 축〉으로도 바꿔 말할 수 있습니다. 자신의 내면에 확고한 〈축〉이 있다면, 외부로부터 어떤 정보가 들어오더라도 우선 그 축에 비추어 신뢰할 수 있는지를 판단하고 행동에 반영하는 것이 가능합니다.

나카타 씨는 자신의 존재 가치를 낮게 평가하며 살아왔습니다. 자신의 중요성을 스스로 부정해온 것입니다. 그것은 겸손함일지도 모르지만 공허함을 동반합니다. 자신의 판단에 대한 신뢰가 낮기 때문에 주위의 말에 쉽게 휘둘리며 타인의 기준에 따르기 쉽습니다. 그런 취약성은 조니 워커라는 악한 존재에게 몸을 조종당해 살인을 저지르게 되는 형태로 나타났습니다.

나카타 씨는 시코쿠로 가는 여행 중에 "입구의 돌을 찾는다."는 자신의 역할을 깨닫고 자신의 의지로 행동을 시작합니다. 글을 읽지 못하고 체력에도 한계가 있는 나카타 씨를 대신해 실제 행동을 받아들인 사람은 도중의 히치하이크로 태워준 트럭 운전사인 호시노 청년이지만, 나카타 씨의 의식 변화와 행동에 대한 강한 의지가 호시노 청년을 정확한 장소로 이끌어 미션을 성공시킵니다.

『해변의 카프카』라는 소설은 '대충 살아간다'는 방식이, 사실은 무서운 힘에 의해 조종당할 가능성을 품고 있으며 많은 피를 흘리는 사태로 이어질 수 있다는 것을 백일몽 같은 설정을 통해 교묘하게 묘사하고 있습니다. 나카타 씨의 경우, 피해자는 고작 고양이 몇 마리였습니다. 그러나 나카타 씨 같은 〈매개체〉(악의가 있는 존재에게 조종당하는 것을 허락하는 존재)가 될 수 있는 사람이 다수 살고 있다면 그 사회에서는 과연 얼마나 많은 피가 흘러야 할까요.

실제로 그런 〈매개체〉 예비군은 인구의 적지 않은 부분을 차지하고 있을지 모릅니다. 대충 살아가는 사람들은 자기 인생에 대한 〈책임〉, 좀 더 말하자면 자기 존재의 중요성을 인식하는 '책임'에 눈뜨지 못합니다. 살면서 필요할 선택을 다른 누군가에게 맡기고 있는 것입니다. 자신은 자신의 의지에 따라 선택했다고 생각할지라도, 자세히 보면 주어진 선택지 안에서 주위에 맞추거나 분위기를 살피거나 해서 무난해 보이는 것을 선택했을 뿐이라면? 그리고 그 선택이 다른 사람에게 막대한 영향을 끼치고 있다면?

상상력의 결여 때문에 〈도구〉가 되어 악한 행위로 돌진한 아이히만과, 자신의 공허함 탓에 끔찍한 일을 겪고 난 후에 자신의 역할을 발견해가는 나카타 씨를 『해변의 카프카』는 대비적으로 그린 것입니다.

이 소설은 우리가 날마다 하는 선택에 대해 얼마나 자각적이어야 하는지를 묻고 있습니다. 그 선택에는 상상력을 발휘할지 말지라는 선택도 포함됩니다. 나아가 자신의 선택이 주변에 미치는 영향을 이해하고, 그 책임을 떠맡으려는 의욕을 가진 삶의 방식이 나카타 씨를 통해 제안되고 있다고 읽을 수 있지 않을까 싶습니다.

주체성에 집착하지 않고 '대충 살아가는' 방식은 얼핏 편할지도 모릅니다. 하지만 그런 삶의 방식을 과연 자유라 부를 수 있을까요? 작품은 상상력이 '양날의 검'이라는 측면을 그려냄으로써 독자에게 자유란 무엇인가를 생각하게 하려 합니다.

4. 보는 세계를 선택함으로써 상처는 치유된다 —『해변의 카프카』
(카프카 편)

"왜 어머니는 나를 사랑해주지 않았을까"라는 질문

나카타 씨와는 다른 방식이지만 카프카도 역시 자신의 존재 가치를 부정하며 살아온 인물입니다. 카프카의 경우는 어린 시절 어머니에게 버림받은 경험이 주요한 원인입니다. 카프카의 기억에 따르면, 네 살 때 어머니는 양녀인 누나만 데리고 집을 나갔습니다. 누나는 선택되었고, 혈연으로 이어진 자신은 선택되지 않았다는 과거는 카프카의 자존감에 커다란 영향을 끼쳤습니다.

왜 그녀는 나를 사랑해주지 않았을까.
나에게는 어머니에게 사랑받을 만한 자격이 없었던 걸까?
그 물음은 오랜 세월에 걸쳐 내 마음을 격렬히 태우고 내 영혼을 계속 갉아 먹어왔다. 어머니에게 사랑받지 못한 건 나 자신에게 깊은 문제가 있었기 때문이 아니었을까? 나는 태어날 때부터 더러움 같은 걸 지닌 인간이었던 건 아닐까? 나는 사람들이 시선을 돌리게 하기 위해 태어난 인간이었던 게 아닐까?

『해변의 카프카』 하권, 373쪽, 강조는 원문

카프카는 어머니와 헤어지고 나서 위와 같은 의문으로 괴로워해왔습니다. 어머니가 자신을 두고 떠난 이유를 알 수 있는 기회는 없습니다. 하지만 카프카는 자신의 존재에 문제가 있기 때문에 어머니가 자신을 버렸다고 믿고 살아왔으며, 그 믿음은 소년의 '영혼을 계속 갉아먹'었습니다. 게다가 양육자인 아버지는 권위적이고, 부모로서의 사랑이나 책임감을 느끼는 인물이 아니었습니다. 이러한 환경에서 성장한 카프카는 열다섯 번째 생일에 가출하고, 혼자 살아갈 것을 결심합니다.

카프카는 자기 부정의 감정을 보완하듯이 마음속에 또 다른 자신인 '까마귀라 불리는 소년'을 만들어 내고, '까마귀'의 목소리에 따라 인생의 방향을 결정해갑니다. 조력자인 '까마귀'는 "언제나 하던 게임을 하자."며 다음과 같이 '모래폭풍'을 상상하라고 카프카에게 말합니다.

어떤 경우에 운명이란 끊임없이 진로를 바꾸는 국지적인 모래폭풍과 비슷해. 너는 그걸 피하려고 경로를 바꾸지. 그러면 폭풍도 너에게 맞쳐 경로를 바꿔. 너는 또다시 경로를 바꾸고, 그러면 폭풍도 또다시 경로를 바꾸지. 몇 번이고, 몇 번이고, 마치 해뜰 무렵 사신과 춤추는 불길한 댄스처럼 그 일이 반복되는 거야. 왜냐하면 그 폭풍은 어디 먼 곳에서 찾아온 무관한 <u>뭔가</u>가 아니니까. 그건 바로 너 자신이야. 네 안에 있는 뭔가야. 그러니까 네가 할 수 있는 것이라고 하면 체념하고 그 폭풍 속으로 똑바로 발을 들여놓고, 모래가 들어오지 않도록 눈과 귀를 단단히 막고 한 걸음 한 걸음 빠져나가는 것뿐이야. 거기에는 아마 태양도 없고, 달도 없고, 방향도 없고, 어떤 경우에는 제대로 된 시간조차 없을 거야. 거기에는 부서진 뼈처럼 하얗고 자잘한 모래가 하늘 높이 날릴 뿐이야. 그런 모래폭풍을 상상하는 거야.

『해변의 카프카』 상권, 10쪽, 강조는 원문

'모래폭풍'이란 카프카 자신 '안에 있는 뭔가'가 만들어내는 것이라고 까마귀는 말합니다. 그리고 그 '뭔가'는 작품을 계속 읽다 보면 분명해지는데, "어머니에게 사랑받지 못한 자신"이라는 카프카의 믿음과 관련이 있는 듯합니다.

그리고 열다섯 번째 생일을 맞이했을 때, 까마귀는 카프카에게 이 '모래폭풍'을 뚫고 나가는 여행을 떠나라고 말합니다. "넌 앞으로 세상에서 가장 터프한 열다섯 살 소년이 되어야 해."라고 타이르며 카프카에게 가출을 하도록 합니다.

　집을 떠나 혼자서 살아가기 위해 카프카는 그동안 시간을 들여 준비해왔습니다. 아무에게도 의지하지 않고 살아갈 수 있도록 몸을 단련하고 학교에서 가르치는 지식을 스펀지처럼 흡수했습니다. 이건 결코 평온한 삶의 방식이 아니었습니다. 어느새 눈빛은 "도마뱀처럼 냉담한 빛을 띠고"(『해변의 카프카』 상권 20쪽) 얼굴은 한없이 무표정에 가까워졌습니다.

　다행히도 여행 목적지로 선택한 가가와현 다카마쓰시에서는 신뢰할 수 있는 사람들을 만나게 되어 카프카는 타인과 마음이 통하는 관계를 만들어갑니다. 특히 도서관 사서인 오시마 씨는 호텔에서 생활하려는 카프카의 금전 사정을 배려하여 관장인 사에키 씨에게 부탁해 도서관 내 한 방을 숙소로 사용할 수 있게 도와줍니다.

　혼자서 터프하게 살아가겠다고 굳게 마음먹은 소년은 이런 인간관계를 통해 사회와의 연결을 회복하고, 소설 끝부분에서는 도쿄의 학교로 돌아가 의무 교육을 마치겠다는 결심합니다. 이 〈성장 이야기〉에서 중요한 위치를 차지하는 것이 카프카의 자기 긍정감 회복입니다.

　어머니에게 버림받았다는 과거의 상처를 치유해가는 과정이 이야기의 중심축입니다. 어떻게 상처를 치유하는가. 카프카는 〈가설의 유효성을 믿는다〉는 방법을 통해 과거를 다시 써내려가는 시도를 실천합니다.

카프카는 어머니와 나이가 비슷한 여성을 보면, 그 여성이 자신의 어머니일지도 모른다는 가능성을 상상하며 살아왔습니다. 쉰 살이 된 도서관 관장 사에키 씨도 자신의 어머니일지 모른다는 가능성을 탐색합니다. 사에키 씨가 도쿄에 있던 시기가 카프카가 태어난 무렵이라는 걸 알게 되자, 카프카는 더 큰 기대를 품고 그녀에게 직접 자신의 어머니가 아니냐고 묻습니다. 하지만 사에키 씨는 그 가설을 긍정도 부정도 하지 않습니다.

"그 가설 속에서 나는 네 어머니구나."
"맞아요." 하고 나는 말했다.
"당신은 내 아버지와 함께 살았고, 나를 낳았고, 그러고 나서 나를 버리고 떠났어요. 내가 막 네 살이 되었던 해 여름에."
"그게 너의 가설?"
나는 고개를 끄덕인다.

『해변의 카프카』 하권, 138~139쪽

부정되지 않는 한 가설은 유효하다고 생각하며 카프카는 사에키 씨와 계속 접촉합니다.

어머니를 용서하다

복잡한 이야기가 뒤섞여 있는 이 소설을 요약하면, 카프카가 다카쓰키에 머무는 동안 아버지가 누군가에게 살해되었기 때문에 카프카가 중요 참고인으로서 경찰에 쫓기게 됩니다.

도서관에서 생활하는 동안 사에키 씨의 생령生靈이 열다섯 살 무렵의 모습으로 카프카가 머무는 방에 밤마다 나타나게 되고, 그녀를 통해 카프카는 쉰 살의 사에키 씨를 사랑하게 됩니다. 카프카는 쉰 살의 사에키 씨에게 마음을 고백하고, 그녀와 육체적으로 결합하게 됩니다.

그러나 카프카를 경찰로부터 숨겨주기 위해 오시마 씨가 산속에 소유한 오두막으로 그를 일시적으로 피신시킨 며칠 사이에 사에키 씨는 세상을 떠납니다.

오시마 씨가 준비한 오두막은 전기도 전파도 닿지 않는 깊은 산속에 있으며, 주변은 짙은 숲으로 둘러싸여 있습니다. 카프카는 숲속으로 들어가지 말라는 주의를 받았지만 뭔가에 이끌리듯 숲속 깊은 곳으로 들어갑니다. 그곳은 황천을 연상시키는 공간으로 이어져 있고, 그곳에서 카프카는 막 사망한 사에키 씨와 대화를 나눕니다. 카프카는 사에키 씨에게 다시 한번 그녀가 자신을 낳은 어머니가 아닌지를 묻습니다. 그때 사에키 씨는 대답합니다:

"나는 아주 먼 옛날, 버려서는 안 되는 것을 버렸어." 하고 사에키 씨는 말한다. "내가 무엇보다도 사랑했던 것을. 나는 그것을 언젠가 잃게 될까 봐 두려웠거든. 그래서 내 손으로 버릴 수밖에 없었어. 빼앗기거나 우연히 사라질 바에는 차라리 내가 버리는 편이 낫다고 생각했지. (중략) 그건 절대 버려져서는 안 될 거였어."

"그리고 넌 버려져서는 안 되는 존재에게 버림받았어." 하고 사에키 씨는 말한다. "있잖아, 다무라 군, 나를 용서해줄래?"

"사에키 씨, 만약 제게 그럴 자격이 있다면 저는 당신을 용서하겠습니다."

『해변의 카프카』 하권, 470~471쪽

사에키 씨의 말은 모호하지만 그녀도 어린아이를 버린 경험이 있다는 것을 알 수 있습니다. 또 그렇게 '버린' 이유가 아이를 "무엇보다도 사랑했기 때문"이라는 부분은 중요합니다.

주목해야 할 것은 사에키 씨가 카프카의 어머니인지 아닌지를 명확히 밝히지 않고, 즉 그 가설의 유효성을 부정하지 않는다는 점입니다. 그로 인해 두 사람은 친자 관계를 의사적擬似的으로 체험합니다.

소중한 존재를 버렸던 어머니와 소중한 존재에게 버림받았던 소년이 서로를 아들과 어머니라 여기며 용서하는 것입니다.

그 후 사에키 씨는 뾰족한 머리핀 끝으로 팔을 찌르고, 카프카는 거기서 흘러나온 피를 입에 머금습니다. 이는 어머니의 혈액(모유의 성분)을 몸속에 들이는 행위로 모자 관계를 연상시키는 행위입니다. 이 의식을 통해 두 사람은 〈친자관계〉를 성립시키고 서로를 용서하는 행위를 완성합니다. 그리고 사에키 씨는 카프카에게 본래의 세계로 돌아가라고 재촉하며 사라집니다.

이 과정을 거쳐 카프카는 도서관으로 돌아온 후 도쿄로 돌아가 의무 교육을 마치기로 결심합니다. 그것은 경찰을 피해 도망다니던 생활을 끝내고 더욱 자유롭게 살아가기 위해 필요한 과정이었습니다. 오시마 씨에게 마지막 인사를 할 때 카프카는 처음으로 웃는 얼굴을 보입니다. 표정을 없애는 훈련을 계속해온 카프카에게 웃는 것은 정말 오랜만의 일이었습니다.

이렇게 하여 카프카는 오랫동안 괴로워해온 〈나는 왜 어머니에게 버림받았는가〉라는 물음에서 해방됩니다. 그것은 가설의 유효성을 믿음으로써 실현되었습니다. 사에키 씨는 자신이 카프카의 어머니인가, 라는 물음에 마지막까지 답하지 않았습니다.

여기에는 『해변의 카프카』에서 이 질문의 답은 중요하지 않다는 것이 암시되어 있습니다. 그 대신 소설이 제시하는 중요한 테마는, 철저하게 상처 입은 소년이 어떻게 그 상처를 회복할 수 있는가 하는 점이었습니다.

감수성이 예민한 어린 시절, 부모, 특히 어머니에게 버림받은 경험은 그 후의 인생에 깊은 영향을 주는 상처를 남깁니다. 친어머니와의 재회 없이는 절대 치유될 수 없는 상처, 그런 상처를 지닌 인간이 회복할 수 있는 방법으로서 소설은 '의사擬似 체험'으로서 어머니와 재회하는 방법을 그려냅니다.

〈자신을 지키기 위한 상상력〉이란

누구나 부모 또는 소중한 사람과의 관계에서 상처를 받은 경험을 갖고 있으며, 그것을 오래도록 끌어안고 살아가는 사람도 있을 것입니다. 카프카는 '어머니가 집을 나갔다'는 사실에 대해, 왜 그런 일을 겪었는지 필사적으로 상상합니다.

「드라이브 마이 카」의 가후쿠처럼 답을 얻을 수 없어도 계속 묻습니다. 그 결과 자신은 '어머니에게 버림받을 만한 인간'이며 '가치 없는 인간'이기 때문이라는 인식이 생겨나고, 그 가설로 인해 고통받습니다.

하지만 카프카는 사에키 씨와의 교류를 통해 '어머니 또한 괴로워하고 있었다'는 사실을 깨닫습니다. 이 이해는 가설의 재검토를 요구합니다. 소년은 〈상처 입은 자신〉이라는 절대적 이미지를 상대화하고 어머니를 용서하며 과거를 새로운 의미로 받아들이게 됩니다. 〈사랑받지 못한 나〉라는 이미지는 '사랑받았던 나'로 다시 쓰여져 인생에서의 주체성을 되찾습니다.

사에키 씨가 어머니인지 아닌지는 자신의 외부에서 판단 가능한 것이지만 카프카는 그것보다 자신의 내적 결정을 우선시합니다. 그는 외부 현실에 휘둘리는 것이 아니라 〈스스로 현실을 선택하겠다〉고 결정하고, 그에 따라 살아갈 의욕을 되찾아갑니다.

스스로 현실을 선택한다는 것은 망상에 의해 자신의 입맛에 맞는 현실을 만들어내는 것이 아닙니다. 외부로부터 도피하기 위한 것이 아니라, 외부와의 연결을 회복하기 위해 먼저 '선택하는 자신'을 확립하고, '선택할 수 있는 자신'에 대한 확신을 높임으로써 '상처'(라고 믿는 것)에 감정이 흔들리는 상태에서 벗어날 수 있게 됩니다.

나카타 씨의 경우와 마찬가지로, 카프카도 자기 '내면의 축'을 되찾습니다. 그리고 과거를 '다시 써내려갈' 수 있게 되었습니다. 사실 자체는 바뀌지 않는다 하더라도, 〈축〉에 기반해 거기에 부여하는 의미가 바뀌면 현실도 달라지는 것입니다. 카프카가 스스로 결정할 수 있게 되었을 때 '까마귀'는 사라져 버립니다.

'용서하다ゆるす'란 '느슨하게 하다ゆるめる'나 '느슨하다緩し, ゆるい'라는 말

에서 유래되었다고 합니다. 팽팽하게 당긴 실보다 느슨한 실이 더 강합니다. 마찬가지로 원한이나 분노로 심신을 경직시키면 자신은 오히려 나약해집니다. 카프카는 어머니에 대한 원한으로부터 자기 긍정감을 잃고 타인에게 마음을 닫았습니다. '터프'해지기 위해 고독을 선택했지만 그 〈단단함〉이 오히려 그를 괴롭혀 왔던 것입니다.

카프카가 몸에 익힌 강함은 고독을 견디는 〈단단함〉이 아니라 공포나 분노에서 자신을 해방시키고 현실을 받아들이는 〈유연함〉을 가진 것이었습니다. 현실을 선택할 자유가 있다는 것을 깨달았을 때, 카프카는 외부를 경계하는 자세를 버립니다. 그 긴장으로부터의 해방이 그의 얼굴에 미소를 되찾게 해주었던 것입니다.

『해변의 카프카』는 소년 시절에 상처 입고 외부와의 관계를 거부하며 살아온 두 사람이 외부와의 연결을 회복해가는 것을 그린 이야기입니다. 외부와의 연결을 회복하기 위해 필요했던 것은 <u>자신의 존재에 대해 상상력을 발휘하는 것</u>이었습니다.

나카타 씨에게는 '나는 머리가 나쁜 사람'이라는 자기 인식을 버리고 자신도 〈타인에게 확실한 영향을 줄 수 있는 존재〉임을 인정하는 것이 필요하고, 카프카에게는 자신이 무가치했기 때문에 어머니에게 버림받은 것이 아니라 사랑받았기 때문에 어머니가 떠난 것이라는 가설을 받아들이는 것이 필요했습니다.

자신을 향한 상상력이 그동안의 완강했던 자기 이미지를 벗고, 곤란하기는 하지만 주체적인 의지에 기반한 인생으로 두 사람을 내딛게 했습니다. 이 주체성이 〈자유롭게 살아가는〉 감각과 표리일체인 것은 쉽게 상상할 수 있지 않을까 싶습니다.

상상력이라 하면, 상대의 기분을 헤아리기 위한 상상력이나 새로운 아이디어를 창조하는 상상력 등 외부로 향하는 힘이 일반적으로 떠오르기 쉽지만, 〈자신을 지키기 위한 상상력〉도 중요하다는 것을 하루키 문학에서는 보여주고 있습니다.

자신을 지키는 것의 중요성이 강조되는 것은 이기적인 태도를 조장하기 위한 것이 아닙니다. 자존심이 낮은 사람, 즉 자학적인 인간은 자신을 지키기 위해 과도하게 공격적이 되거나(카프카), 자신의 존재에 대한 책임을 떠맡지 않거나(나카타 씨) 하기 때문에 결과적으로 자신에게도 주변에게도 바람직한 역할을 할 수 없게 됩니다.

상상에 의해 마음속에 들어온 이미지가 '나'의 존재 방식에 미치는 강력한 영향에 주의하는 것도 중요합니다. 상상력의 작동 방식에 따라 우리는 자유로운 삶에 발을 내디딜 수도 있고, 또는 자유롭지 못한 삶에서 벗어날 수 없게 되는 경우도 있겠지요. 하루키 문학은 자유롭게 살아가기 위해 상상력과 어떻게 마주해야 하는지를 가르쳐줍니다.

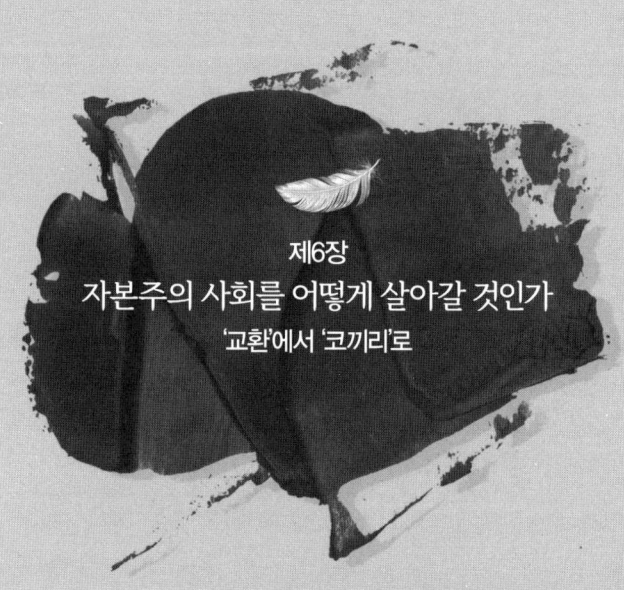

제6장
자본주의 사회를 어떻게 살아갈 것인가
'교환'에서 '코끼리'로

제2장에서 언급된 무라카미 하루키의 〈벽과 달걀〉 연설은 다음과 같이 끝납니다.

Take a moment to think about this. Each of us possesses a tangible, living soul. The System has no such thing. We must not allow the System to exploit us. We must not allow the System to take on a life of its own. The System did not make us: we made the System.

생각 좀 해보세요. 우리는 누구나 손으로 만질 수 있는, 살아 있는 영혼을 가지고 있습니다. 시스템에는 그런 것이 없습니다. 그러므로 시스템이 우리를 착취하도록 해서는 안 됩니다. 시스템 자체가 생명을 가지도록 해서는 안 됩니다. 시스템이 우리를 만든 것이 아니라 우리가 시스템을 만들었기 때문입니다.

하루키 작품에는 '시스템'(조직)이라는 거대한 존재가 반복적으로 그려집니다. 주인공들은 시스템에 맞서야 할 것을 요구받지만 그 시스템의 소멸이 이야기의 결말이 되는 것은 아닙니다. 개인은 시스템의 혜택을 받지 않고 살아갈 수 없기 때문입니다. 중요한 것은 〈우리가 '시스템'을 만들었다〉는 사실을 잊지 않고 시스템에 의해 자유롭지 못한 삶의 방식을 강요당하지 않도록 지혜롭게 살아가는 것입니다.

1. 스파게티를 삶는다는 풍요로움

요리를 잘하는 '나'와 집안일에 공을 들여서는 안 되는 사회

하루키 작품의 주인공들은 집안일을 요령있게 해냅니다. 아내가 있어도 의지하지 않고, 식사 준비, 청소, 빨래, 다림질까지 나날의 생활을 정돈하기 위해 필요한 작업에 시간을 아끼지 않고 임하는 모습이 인상적입니다.

집안일 중에서도 요리에 대한 헌신은 특히 눈길을 끕니다. 대부분의 '나'는 요리를 잘합니다. 그렇다고 해서 식탁에 오르는 음식이 고

급 식재료나 특별한 조리기구에 의존한 것이 아니라 친숙한 가정 요리가 중심입니다. 냉장고에 있는 식재료와 조미료를 능숙하게 사용하여 자신이나 아내, 방문한 친구를 위해 즉석에서 요리를 만듭니다. 대접받는 친구는 대부분 '나'의 요리 솜씨에 감탄하고 맛에도 만족하며 돌아가게 됩니다.

> 나는 파와 매실 과육을 무친 것에 가쓰오부시를 얹고, 미역과 새우 초절임을 만들고, 와사비 절임과 갈아낸 무에 잘게 썬 어묵을 버무리고, 올리브오일과 마늘과 약간의 살라미를 써서 가늘게 채친 감자를 볶았다. 오이도 잘게 썰어 즉석 절임을 만들었다. 어제 만든 녹미채 조림도 남아 있었고, 두부도 있었다. 양념에는 생강을 듬뿍 사용했다.
> "훌륭하군," 하고 고탄다 군은 한숨을 내쉬며 말했다. "천재적이야."
> 『댄스 댄스 댄스』 하권, 185쪽

주인공인 '나'가 이처럼 식사 준비에 충분한 시간을 들일 수 있는 것은 작가나 프리랜서, 휴직 중인 남성 등 시간적 여유가 있는 인물이기 때문입니다.

하루키 작품에서는 맛있어 보이는 점심이 특히 인상적입니다. 이것이 매력적으로 느껴지는 이유는, 평일 점심을 자택에서 조리하여 천천히 음미하는 것이 주인공들에게는 자연스러운 일이지만 수많은 직장인들에게는 불가능하기 때문입니다. '나'의 생활에서 시간적으로 '사치스러운' 모습이 잘 드러나는 것이 스파게티를 삶는 장면입니다. 스파게티는 하루키 작품의 단골 요리이지만 특히 인상적인 것은 『태엽 감는 새 연대기』입니다.

평일 오전에 스파게티를 삶고 있는데 모르는 여성으로부터 전화가 걸려옵니다. 10분만 통화하고 싶다고 여성이 부탁하지만 상대의 의도를 알 수 없는 '나'는 "죄송하지만 지금 스파게티를 삶고 있는 중입니다. 나중에 다시 걸어주시겠어요?"라고 말하며 거절합니다. 스파게티 면 삶기에 대한 '나'의 집착을 잘 알 수 있는 장면입니다. 현실에서 스파게티를 이유로 전화를 끊는 사람은 좀처럼 없습니다.

이 장면에서 밥과 된장국이 아니라 스파게티를 만들고 있었다는 점이 중요합니다. 삶기 정도가 중요한 스파게티는 삶는 시간을 정확하게 재고, 삶은 후에는 재빨리 조리해야 합니다. 또한 갓 만들어야 맛있는 스파게티는 보관하지 않고 그 자리에서 먹어야 하는 것이기도 합니다. 그런 요리를 평일 낮에 먹을 수 있다는 것은 회사에 다니지 않는 '나'의 특권입니다. 평일에 집에서 스파게티를 만들어 먹는 행복을, 일본에서 일하는 수많은 샐러리맨들은 맛볼 수 없습니다.

이런 것에서 행복을 느끼지 않는 사람이 많을지도 모릅니다. 평일에 집에서 스파게티를 먹지 않아도 괜찮다, 중요한 것은 스파게티를 먹는지의 여부가 아니라, 그런 사소한 행복을 우리는 일상생활에서 얼마나 스스로 만들어낼 수 있는가 하는 점입니다.

집안일에 수고와 시간을 아끼지 않는 인물이 드문 것은, 우리 사회에는 암묵적인 전제로서 집안일에는 가능한 한 시간을 들이지 않는 것이 '정답'이라 생각하는 경향이 있기 때문입니다. 과학 기술의 발전으로 여성들은 집안일에 들이는 시간을 단축할 수 있게 되었습니다. 기계만이 아니라 다양한 즉석 요리나 편리한 조미료가 개발되어 예전처럼 수고를 들이지 않아도 식사를 준비할 수 있습니다. 집안일에서 해방되는 '행복'이 사회에서 공유되기 시작합니다.

이러한 사회의 '발전'은 집안일에 들이는 시간을 '비생산적'인 것으로 간주하는 분위기를 조성하고, '생산적인' 시간 사용 방법으로서 경제적 활동에 더 많은 시간을 할애하는 것이 이상적인 것으로 여겨지게 되었습니다. 경제 활동에 들이는 시간의 길이가 행복이나 성공과 연결됨에 따라 집안일에는 가능한 한 시간을 들이지 않는 것이 바람직하다고 여겨지게 된 것입니다. 이렇게 해서 '풍요'와 '행복'의 형태가 새롭게 만들어졌습니다.

하루키는 '비생산적'인 생활을 하는 주인공들을 그림으로써 경제적 풍요만으로는 얻을 수 없는 행복과, 경제적 풍요를 추구하는 가운데 잃어버린 또 다른 종류의 풍요를 전하고 있는 듯합니다. 요리에 시간을 들일 수 있다는 것은 그 중 하나라고 할 수 있겠지요.

'쓸모없는 일' 속에서 드러나는 자유와 풍요

가능한 한 집안일에 시간을 들이지 않는 것을 '풍요로움'으로 받아들이는 현대는 바쁘다는 것을 풍요라고 여기는 시대이기도 합니다. 그리고 대부분의 경우 이 바쁨은 수입으로 직결되는 활동이나 그 수입에 의존한 소비 활동을 함으로써 생겨납니다.

바쁨이 풍요로움과 동일시되면 바쁜 생활을 정당화하려는 사고 방식이 작동합니다. 일뿐만이 아니라 여가에서도 일정이 비어 있으면 불안해하거나 뭔가 손해를 본 것 같은 느낌을 받는 사람도 있겠지요. 풍요로움을 얻기 위해서는 바쁜 게 당연하다는 사고 방식은 물론 일본만의 것은 아닙니다. 흥미로운 점은 바쁘게 살아가는 것이 당연시되는 시대에 바쁜 주인공을 그리지 않는 무라카미 하루키가 세계적인 인기를 얻고 있다는 점입니다.

미국의 정치경제학자 줄리엣 쇼르^{Juliet Schor}는 "시간은 이제 '화폐'와 같은 취급을 받고 있다. 그것은 '보낸다'기보다는 '소비한다'는 것이 되었다."(『과로하는 미국인^{Overworked American}』, 원저 1991년)라고 말합니다. 시간은 돈과 마찬가지로 '잔고'를 신경 쓰며 능숙하게 '소비하는' 일이 되었다는 것입니다.

한편 하루키의 주인공들은 시간을 '보냅니다'. 시간을 '보낸다'는 것은 뭔가에 쫓겨 날마다의 행동을 결정하거나 '바쁨=풍요'에 휘둘려 살아가서는 실현될 수 없습니다. 시간을 소비하고 있는 것이 아니라 '보내고 있다'고 독자에게 깨닫게 하는 것이, 주인공이 요리나 집안일을 정성스럽게 하는 모습입니다. 그들의 집안일과 요리는 누군가에 의해 강요받은 것이 아닙니다.

하루키 작품에 등장하는 부부는 대부분 자녀가 없기 때문에 여유가 있는 측면이 있지만, 예를 들어 독신이라 해도 일상생활에서 집안일이나 요리를 즐길 여유를 가질 수 있는 사람은 많지 않겠지요.

하루키 작품의 주인공들은 시간을 '소비하는' 것이 아니라 '보내기' 위해 의식적으로 집안일이나 요리를 정성스럽게 해내고 그 과정을 즐기고 있습니다. 소비 사회에서는 〈가치가 낮고〉, 〈쓸모없다〉며 쉽게 배제되는 행위를 즐길 수 있고, 그 즐거움을 〈알고 있다〉는 모습에서 볼 때 그들은 '풍요로움'을 인정하고 있는 것입니다. 경제 활동으로 이어지는 행위가 무비판적으로 환영받기 쉽고, 또 그로 인해 증폭되는 바쁨이 '어쩔 수 없는 것'으로 쉽게 긍정되는 사회이기 때문에 그 '사각지대'에 독자가 눈치챌 수 있도록 하루키는 독특한 주인공들을 계속 그려오고 있다고도 해석할 수 있겠지요.

　하루키 작품의 요리 장면에 대해 또 하나 흥미로운 점은, 요리를 정성스럽게 하는 인물을 주인공들이 신뢰한다는 점입니다. 다음에 인용하는 것은 『세계의 끝과 하드보일드 원더랜드』의 한 구절입니다.

　주인공은 특수한 연구를 하고 있는 노 박사에게 불려갑니다. 도쿄의 지하 깊숙한 곳에 있는 연구소까지 가자, 노 박사의 손녀이자 조수 역할을 수행하고 있는 '분홍색 옷을 입은 뚱뚱한 여자'가 안내해 줍니다. 노 박사와 면식이 없는 '나'는 상대가 믿을 만한지 의심하며 '여자'의 안내로 노 박사를 만나게 되는데 '나'의 긴장을 풀어준 것은 '여자'가 만든 샌드위치였습니다.

　그 샌드위치는 내가 정한 기준선을 가볍게 통과했다. 빵은 신선하고 탄력이 있었으며 잘 드는 청결한 칼로 잘려 있었다. 자칫 지나치기 쉬운 일이지만 좋은 샌드위치를 만들기 위해서는 좋은 칼을 준비하는 것이 절대적으로 필요하다. 아무리 훌륭한 재료를 갖추어도 칼이 나쁘면 맛있는 샌드위치는 만들 수 없다. 머스터드는 고급이었고, 양상추는 단단했으며, 마요네즈도 수제이거나 수제에 가까운 것이었다. 이렇게 잘 만들어진 샌드위치를 먹은 것은 오랜만이었다.

　　　　　　　　　　『세계의 끝과 하드보일드 원더랜드』 상권, 81쪽

'나'는 '여자'가 만든 샌드위치를 보고, 일에 대한 신중하고 주의 깊은 그녀의 태도를 확신합니다. 요리에 대한 태도를 통해 업무 전반에 대한 태도를 신뢰하는 것입니다. 식사 준비를 적당히 하지 않는 상대를 하루키의 주인공은 신뢰하는 것입니다.

사실 영어 번역판에서는 위 샌드위치 장면이 삭제되어 있습니다. 번역할 때는 소설 전개에 불필요하다고 여겨지는 부분을 생략하는 일이 드물지 않지만, 이 '불필요하다'고 판단한 서술에 바로 하루키가 전하는 풍요의 본질이 있었을 것입니다. 여기에는 바로 '쓸모없는' 것을 배제하는 현대적 가치관이 드러나 있다고 할 수 있겠지요.

하루키는 인터뷰에서 다음과 같이 말합니다.

(전략) 지금 우리에게 뭔가를 '강제하고 있는' 것, 그것이 선한 것이든 악한 것이든, 각각의 인간이 각각의 경우마다 보고 정할 수밖에 없습니다. 그것은 작업으로서 매우 고독하고 힘든 일이지요. 자신이 무엇을 강제당하고 있는지, 그것을 먼저 알아야 하니까요.

또 하나의 문제는 어떤 시스템이든 간에, 각각의 인간이 각각에 결단을 내리는 것을 대개의 경우 인정하지 않는다는 것입니다.

〈생각하는 사람〉 2010년 여름호, 34쪽

요리나 집안일은 가정 등의 폐쇄된 공간에서 이루어지기 때문에 사회적인 평가를 기대할 수 없습니다. 그렇기 때문에 가능한 한 수고와 시간을 들이고 싶지 않다고 우리는 생각하기 쉽습니다.

하지만 타인으로부터 평가받는 행위가 아니기 때문에, 또 대가를 받기 위한 행위가 아니기 때문에, 자신의 자유로운 의지로 그 행위들을 정성스럽게 해내는 주인공들을 그림으로써 하루키는 독자에게 '자신은 무엇을 강제당하고 있는가'를 깨닫게 하려 한다고 할 수 있습니다.

소비 사회의 필요에 따라 만들어진 풍요와 행복이라는 개념에 얽매여 자유롭지 못하게 되고, 스스로가 믿는 〈풍요로움〉을 만들어내지 못하고 있는 것은 아닌지 하루키 문학은 묻고 있는 것입니다.

바쁘지 않은 주인공을 계속해서 그리는 무라카미 하루키가 전 세계에 받아들여지는 것은 〈쓸모없음〉에 〈풍요로움〉이 숨어 있다는 것을 독자들이 깨닫고 있기 때문일지도 모릅니다.

2. 불편한 존재로 있는 것의 가치 —「코끼리의 소멸」

'상품이 되지 않는 요소'

일본에서는 많은 장면에서 '분위기를 읽는' 것이 요구됩니다. 음식부터 장래 꿈에 이르기까지 모든 국면에서 선택에는 '상식'이라는 규범이 있으며, 거기에서 벗어나면 주위로부터 주의를 받는 일이 있습니다.

무라카미 하루키가 재즈바를 접고 전업 작가를 목표로 했을 때도 주위로부터 조언을 받았습니다. '표준'으로 여겨지는 삶의 방식에서 벗어나는 것이 어렵다는 것을 알고 있기 때문입니다.

그러나 '상식'이란 반드시 윤리적이고 옳은 것만은 아니며 사회나 권력에게 '편리하다'는 이유로 형성되는 경우가 적지 않습니다. 그것을 많은 사람이 의심 없이 받아들이고, 다른 사람에게 강요하는 경우도 있습니다. 여기에서는 하루키의 단편 「코끼리의 소멸」(1985년 발표, 『빵가게 재습격』에 수록)을 다루는데 '불편한' 존재로 묘사되는 코끼리에 초점을 맞춥니다.

어느 뉴스가 작은 마을을 휩쓸었습니다. 마을에서 갑자기 코끼리가 사라진 것입니다. 마을이 운영하던 동물원이 폐쇄될 때 그곳에서 기르던 대부분의 동물은 인근 동물원에 인계되었지만 그 늙은 코끼리만은 인수할 곳이 없었습니다. 비쩍 마른 코끼리에게 경제적 전망을 찾을 동물원은 없었던 것입니다. 마을이 당당하게 '처분할 수도 없어, 결국 마을의 '상징'으로서 코끼리를 인수하여 폐교된 초등학교 체육관에서 관리하게 됩니다.

이 단편의 주인공은 앞 장에서 다룬 '가타기리'와 마찬가지로 하루키 작품에서는 드문 샐러리맨입니다. 그는 대기업인 전기기구 제조사의 홍보부에서 일하고 있습니다. 동물원이 폐쇄된다는 사실을 알게 된 후 그는 코끼리의 앞날에 관심을 갖고, 관련된 신문 기사를 모으며 주말에는 코끼리 우리를 보러 갈 정도였습니다. 그리고 그 코끼리가 갑자기 '소멸'했다는 뉴스를 접합니다.

기사에 따르면 발에 끼워져 있던 철제 고리는 자물쇠가 열리거나 부서진 흔적도 없이 그대로 남아 있었습니다. 주변에는 발자국도 없습니다. '탈주'라고 할 증거가 없는 상황에서는 '소멸'이라고 할 수밖에 없습니다.

이 코끼리에게 주인공은 흔치 않은 강한 관심을 가집니다. 그것은 그의 직장에서 보이는 행동과는 대조적입니다. 회사가 새로 출시한 부엌용품 홍보 파티를 담당하게 된 그는 취재차 온 여성 잡지의 편집자에게 상품인 키친에 대해 설명합니다.

"가장 중요한 포인트는 통일성입니다."

아무리 훌륭한 디자인 제품이라도 주변과의 균형이 나쁘면 죽은 것이 됩니다. 색상의 통일, 디자인의 통일, 기능의 통일 —그것이 지금의 키친에 가장 필요한 것입니다. 조사에 따르면, 주부는 하루 중 가장 긴 시간을 키친에서 보냅니다. 키친은 주부의 작업 공간이자 서재이며 거실인 것입니다. 그래서 주부들은 키친을 조금이라도 쾌적한 공간으로 만들고자 노력합니다. 넓이는 상관없습니다. 그것이 넓든 좁든 뛰어난 키친의 원칙은 하나밖에 없습니다. 단순함, 기능성, 통일성입니다.

『빵가게 재습격』, 58쪽

눈앞에서 소개되는 키친의 디자인을 상상할 수 있는 설명입니다. 색상도 디자인도 기능도 통일성이 생명입니다. 디자인을 돋보이게 하려면 주변과의 균형이 불가결합니다. 자못 여성들이 기뻐할 만한 키친에 대한 설명입니다.

'나'의 설명에 대해 편집자 여성은 묻습니다.

"부엌에는 정말 통일성이 필요한 걸까요?" 하고 그녀가 질문했다.

"부엌이 아니라 키친입니다." 하고 나는 정정했다.

『빵가게 재습격』, 59쪽, 강조는 원문

즉, 키친에는 통일성이 불가결하지만 부엌에는 꼭 그렇지만은 않다는 것이 포함됩니다.

"부엌에는 통일성 이전에 필요한 요소들이 몇 가지 존재할 거라고 저는 생각합니다. 하지만 그런 요소는 우선 상품이 되지 않고, 이 편의적인 세계에서는 상품이 되지 않는 요소는 거의 아무 의미도 갖지 않습니다."

『빵가게 재습격』, 59쪽

부엌에는 키친에 없는 특성이 있지만 그것은 상품이 되지 않는, 즉 경제적 생산성이 없다고 '나'는 말합니다. 그가 팔고 있는 것은 부엌이 아니라 키친입니다. 그리고 그가 경제적 생산성을 이유로 인수처가 없었던 늙은 '코끼리'에게 관심을 가졌던 것은 작품의 중요한 포인트입니다.

'편의적인 세계'에서 떠난 코끼리

마을의 동물원이 폐쇄할 수밖에 없게 된 것은 경영난이 원인이었습니다. 동물원 부지는 고층 아파트 단지 건설에 사용되게 되었습니다. 즉, 수익이 적은 동물원에서 마을의 세수에 크게 기여하는 아파트로 전환된 것입니다.

아파트 단지라 하면 통일된 빌딩들의 집합체입니다. 주인공이 홍보하는 키친과 마찬가지로, '색상의 통일, 디자인의 통일, 기능의 통일'은 아파트 건설에도 불가결한 것입니다. 왜냐하면 "아무리 훌륭한 디자인 제품이라도 주변과의 균형이 나쁘면 죽은 것"이 되기 때문입니다.

고급 아파트와 대조적인 것은, 동물원에 남겨진 것이었던 비쩍 마른 코끼리입니다. 나이가 어리고 사육 비용이 비싸지 않은 동물은 쉽게 인수되지만 늙은 코끼리는 돈만 잡아먹는 존재일 수밖에 없습니다. 코끼리는 '나'의 부엌 설명에서 언급되듯이 편의적인 세계에서 '상품이 될 수 없는' 존재입니다. 게다가 고층 아파트 단지와 달리 남겨진 코끼리는 '주변과의 균형이 나쁜', 즉 〈분위기를 읽지 못하는〉 존재인 것입니다.

갈 곳 없는 코끼리의 처우를 놓고 마을은 혼란에 빠집니다. 너무 커서 공개적으로 '처분'할 수 없기 때문에 마을이 코끼리를 인수하게 됩니다. 하지만 막상 그때가 되자 의회의 야당을 중심으로 코끼리를 인수할 장점이 없다며 반대 운동이 일어납니다.

"코끼리를 기르는 것보다 하수도 정비나 소방차 구입 등 마을이 해야 할 일이 아주 많지 않은가?"라는 것이 그들의 주장이었습니다. 즉, 경제적으로 공헌하지 못하는 코끼리에 마을 예산을 쓰는 것은 낭비이기 때문에 좀 더 마을 주민들의 실생활에 도움이 되는 일로 예산을 돌려야 한다는 것입니다.

그런 〈분위기를 읽지 못하는〉 코끼리에 끌리는 주인공의 관심은 무엇을 의미하는 것일까요? '나'는 코끼리에 대해 쓴 신문기사를 모으지만 그 대부분은 코끼리가 어떻게 탈출했는가에 관한 논의나 그 후 의회와 주민의 비판과 책임 추궁에 대한 기사들이었습니다.

'나'가 원하는 정보는 없습니다. '나'가 알고 싶은 것은 코끼리가 어떻게 사라졌는가가 아니라 왜 사라졌는가, 즉 왜 사라지기를 선택했는가 하는 것입니다.

'나'는 코끼리가 사라질 때까지 뒷산에서 코끼리 우리를 바라보는 것이 습관이었습니다. 그리고 그곳에서 일종의 위안을 느끼고 있었습니다. 그 이유는 코끼리가 편의적인 사회에서 판매하는 상품과는 대조적이었다는 것, 즉 편의적인 사회에서 필요로 하지 않는 존재였던 것입니다.

'나'는 샐러리맨으로 일할 때 자신 또한 편의적인 존재일 것이 요구됩니다. 통일성을 중시하는 사회에서 이물(異物)로서 주변과의 균형을 잃지 않도록 주의하며 살아가도록 요구됩니다.

그것은 현대인의 대부분이 그러는 것처럼 피곤한 삶의 방식입니다. 기준은 자신이 아니라 외부에 있기 때문입니다. 외부가 정한 기준에 자신을 맞추며 살아가는 것이 요구되기 때문입니다. 외부가 정한 기준이란, '나'가 여성 편집자와의 대화 중에서도 말한 것처럼 경제적 생산성에 일치하는가의 여부입니다.

코끼리는 그런 외부 기준을 완전히 무시하는 존재였습니다. '나'를 끌어당겼던 것은, 코끼리의 그런 '분위기를 읽지 못하는' 태도였습니다. 그 사회에서 코끼리는 '소멸'해버렸습니다. 탈주하여 다른 장소로 이동한 것이 아니라 그 세계라는 차원을 떠난 것입니다. 코끼리는 자본주의 사회의 희생자로서 '지워진' 것일 수도 있고, 스스로 '사라진' 것일지도 모릅니다. 어쨌든 거기가 코끼리에게 쾌적한 장소가 아니었다는 것은 분명합니다. 코끼리가 사라진 이후 '나'는 정신적으로 균형을 잃게 됩니다.

코끼리 사건 이후 내 내부에서 뭔가의 균형이 무너져버렸다. 그래서 여러 외부의 사물들이 내 눈에 기묘하게 비칠지도 모른다. 그 책임은 아마 내게 있을 것이다.

『빵가게 재습격』, 72쪽

코끼리에 의해, 즉 이익 중심 사회에 저항하는 존재에 의해 지탱되고 있었던 일종의 균형이 무너졌습니다. 코끼리가 사라짐으로써 '나'의 세계에는 편의적인 것밖에 없게 되었습니다. 상품으로서 가치 있는 것만 남게 되었습니다. '나'는 거기서 계속 살아가야만 합니다.

나는 여전히 편의적인 세계에서 편의적인 기억의 잔상에 기반해 냉장고나 오븐 토스터, 커피 메이커를 팔며 돌아다니고 있다. 내가 편의적이 되려고 하면 할수록, 제품은 날개 돋친 듯 팔리고 (중략) 나는 수많은 사람에게 받아들여지게 된다. 아마 사람들은 세계라는 키친 안에 일종의 통일성을 요구하고 있을 것이다. 디자인의 통일, 색상의 통일, 기능의 통일.

『빵가게 재습격』, 72~73쪽

코끼리가 없는 세계에서 '나'는 더 유능한 샐러리맨으로서 일합니다. 그렇게 하면 할수록 '나'는 세계에 받아들여지게 됩니다. 이렇게 작품은 막을 내립니다.

결코 행복한 결말은 아니지만 절망도 아닙니다. '나'는 코끼리 사건 이전도 이후도 샐러리맨으로서 편의적인 사회에 공헌합니다. 변한 것은 편의적인 사회에서 흘러넘치는 것과 '나'를 관계짓고 있던 것의 유무입니다. 코끼리가 사라짐으로써 '나'의 생활이 크게 변한 것은 아닙니다. 하지만 뭔가 아주 소중한 것이 '나' 안에서 사라졌다는 것은 확실한 듯합니다.

내장을 제거하고 건조된 거대 동물

코끼리가 사라진 뒤 코끼리 우리는 '나'에게 거대한 동물의 미라를 떠올리게 합니다.

> 코끼리가 없는 코끼리 우리는 어딘가 부자연스러웠다. 필요 이상으로 텅 비어 있고 무표정하다. 그것은 내장을 제거하고 건조된 거대한 동물처럼 보였다.
>
> 『빵가게 재습격』, 42쪽

'내장을 제거하고 건조된 거대한 동물'이라는 것은, 동물의 생명 유지 기능을 관장하는 내장을 잃고 외형만 남은 동물의 미라를 연상하게 합니다. 그것이 바로 '코끼리가 없는 코끼리 우리'라는 것입니다.

이 거대한 동물은 '나'가 살아가는 편의적 사회를 상징적으로 설명하고 있습니다. 사람의 내장은 필요한 에너지를 소화·흡수하고, 불필요한 물질을 체외로 배출합니다. 체내에 필요한 수분과 에너지를 순환시키고, 그 흐름이 정체되면 부조화나 병으로 나타납니다. 코끼리가 없는 사회란 '내장'이 제거된 사회, 즉 유기적인 활동에 필요한 기능이 결여된 사회라 할 수 있습니다.

「코끼리의 소멸」이 쓰인 1980년대는 버블 경기가 한창일 때였는데 대규모 자본이 투하되어 경제 활동이 활발했던 시기입니다. 그것은 하루키에게 일본 사회가 '거대한 수탈 기계'처럼 보였던 시대입니다(이 책 제1장 참조). 사회가 더 효율적으로 이익을 창출할 수 있도록 매진하는 가운데 '코끼리'가 상징하는 효율성을 방해하는 '불편한' 요소는 배제될 운명에 있었습니다.

부엌처럼 '상품이 되지 않는 요소가 '소멸'하고, 경제적 생산성이라는 통일성이 축이 되는 세계란 하루키가 우려하는 '악한 힘'이 지배하기 쉬운 세계이기도 합니다 (이 책 제2장 참조). '조잡하고 단순한 이야기'에 사람들이 매력을 느끼고, 현실의 중층성에 주의를 기울이려 하지 않습니다. 그리고 〈이쪽〉의 편의에 맞지 않는 것들이 제거되는 것에서 합리성을 느끼는, 그런 세계인 것입니다.

단면적 가치관에 사로잡히면 사람은 자신이 속한 사회의 방향성을 냉정하게 관찰하는 자세를 잃습니다. 이 작품은 고도 경제 성장과 함께 가치관이 통일되어가는 사회에서 부엌이나 코끼리에 대해 애착을 느끼는 주인공을 통해 '불편한' 존재가 '소멸'되어가는 사회에 대한 위기감을 그려내고 있는 것이겠지요.

편의성을 중시하는 사회가 가치관이 다양해도 좋다는 자유를 빼앗고 있을 가능성에 대해 생각할 기회를 주는 작품이라 할 수 있습니다.

3. '교환'이라는 올바르지 못한 선택 —「빵가게 재습격」

습격 장소는 맥도날드

자본주의 사회는 등가 교환 개념에 의해 지탱되고 있습니다. 사과를 원한다면 사과와 동등한 가치가 인정되는 뭔가를 내놓을 필요가 있습니다. 사과가 여러 지역에서 대량으로 생산되면 그만큼 싸게 팔리지만, 생산지가 제한되거나 수확량이 적을 경우에는 고가로 거래됩니다. 즉, 사과 자체의 가치보다는 다른 것과의 균형에 의해 가치가 측정되는 것입니다.

교환은 때로 폭력적인 행위가 되기도 합니다. 생산자가 얼마만큼의 시간을 들여 일했는가, 생산에 얼마만큼의 경비가 들어갔는가, 얼마나 맛있는 사과인가, 또는 얼마나 애정을 갖고 키운 사과인가 하는 기준에 따라 가격이 정해지는 것은 아닙니다. 그것은 놀랄 만큼 고가일지도 모르고, 잔인할 정도로 저가일지도 모릅니다.

하루키의 초기 작품에는 자본주의에 의문을 제기하는 주인공들이 많이 등장합니다. 「빵가게 재습격」도 그중 하나입니다.

한 신혼부부가 한밤중에 심한 허기를 느껴 잠에서 깨어납니다. 냉장고에는 배를 채울 만한 것이 아무것도 없습니다. 시험 삼아 캔 맥주 몇 개를 마셔 보지만 배고픔은 가라앉지 않습니다. 그러자 '나'는 이와 비슷하게 심한 공복을 느꼈던 대학 시절을 떠올리고 아내에게 이야기하기 시작합니다.

그것은 처음으로 빵가게를 습격한 이야기였습니다. 당시 그가 파트너라고 불렀던 친구와 '나'는 돈이 없어 배를 곯고 있었습니다. 그래서 근처 빵가게를 습격해 빵을 훔치기로 합니다. 습격하러 간 빵가게의 주인은 젊은이들의 요구를 듣고 가게의 음악 재생기로 틀고 있던 바그너를 함께 들어달라고 합니다. 그렇게만 해주면 빵은 원하는 만큼 가져가도 좋다고 말합니다. 두 사람은 그 말대로 주인과 함께 바그너를 듣고 빵을 가방에 넣어 돌아옵니다.

배고픔은 간단히 해소되었습니다. 하지만 이 체험은 두 사람에게 일종의 충격을 주었습니다. 왜 바그너를 들으면 빵을 받을 수 있는 것일까. 두 사람은 그 상관관계에 대해 며칠이나 이야기하지만 답은 나오지 않습니다.

'정상적으로 생각하면 선택은 틀리지 않았을 거야. 아무도 다치지 않았고 각자는 일단 만족했으니까' 하고 '나'는 생각합니다. 그런데도 "거기에는 뭔가 중대한 오류가 존재하고 있다."(『빵가게 재습격』, 22~23쪽)고 느끼고, 이 수수께끼가 풀리지 않는 것이 두 사람을 저주처럼 괴롭혔다고 말합니다. 이 사건을 계기로 두 사람은 사이가 멀어지게 됩니다.

아내는 이야기를 듣고 그 '저주'는 지금도 유효하며, "몇 년이나 빨지 않은 먼지투성이의 커튼이 천장에서 드리워져 있는 것 같은"(『빵가게 재습격』, 25쪽) 것이라고 말합니다. 그리고 그 먼지를 떨어내기 위해 현재의 파트너인 자신과 함께 다시 습격을 해야 한다고 말합니다. 다시 한번 빵가게를 습격하고 이번에는 반드시 성공해야만 한다고 합니다.

두 사람은 한밤중에 차를 몰고 달려가지만 심야에 영업하는 빵가게는 발견되지 않습니다. 그때 아내가 선택한 습격 대상은 맥도날드였습니다.

'습격'이 '교환'으로 끝났던 역사

'나'와 파트너의 첫 습격은, 1960년대 말의 전공투 운동과 관련이 있습니다. 하루키는 당시 와세다대학의 학생으로 바로 전공투 세대였습니다. 자본주의나 사회 시스템, 모든 권력에 대한 저항으로서 학생들이 전국 각지에서 벌인 운동은 많은 대학을 기능 정지 상태로 만들었으며 당시 젊은이들의 정신에 큰 영향을 미쳤습니다.

헬멧과 쇠파이프에 방진 마스크라는 차림으로 학생들은 데모에 참가하고 대학에 바리케이드를 쳤습니다. '혁명', '타도', '분쇄' 등의 말이 흩뿌려진 전단지가 많이 뿌려졌습니다. 그러나 운동은 실패로 끝납니다. 경찰에게 제압당한 학생들은 곧 재개된 수업으로 돌아갔습니다. 운동은 진압되었지만 젊은이들의 마음에는 소화되지 않은 형태로 이 경험이 남아 있었습니다.

'나'와 파트너의 첫 습격은 전공투 운동처럼 실패했습니다. 두 사람이 목표로 했던 것은 '습격'이지 '교환'이 아니었기 때문입니다. 두 사람은 빵가게 주인의 제안대로 바그너를 듣는 행위와 교환하여 빵을 얻습니다. "만약 그때 빵가게 주인이 우리에게 접시를 닦거나 창문을 닦으라고 요구했다면, 우리는 그걸 단호히 거절하고 간단히 빵을 강탈했을 거야."(『빵가게 재습격』, 21쪽)라고 '나'는 아내에게 말합니다.

그러나 바그너를 듣는 행위를 노동으로 볼 것인가 하는 모호함이

'나'와 파트너에게 그 '교환'을 허락하게 했습니다. 이로 인해 '습격'을 했다는 실감이 들지 않았고, 두 사람은 고민하다가 관계를 청산하게 됩니다. 함께 있는 한 그 사건을 떠올리게 되기 때문이겠지요. 그렇다면 어째서 그렇게까지 두 사람은 '교환'을 거부하고 싶었을까요?

습격을 통해 두 사람이 목표로 했던 것은 자본주의 시스템에 대한 완전한 거부였습니다. 그것은 화폐 시스템이라는 교환 규칙을 거부함으로써 실현될 수 있다고 생각했습니다. 우리의 자본주의 사회에서는 노동을 통해 얻은 화폐로 상품이나 서비스를 구입하고 생활을 유지합니다. 즉, 생활하려면 노동이 필수인데 이 노동과 화폐의 교환 사이에는 반드시 '공평'한 관계가 성립하는 것은 아닙니다.

노동자 본인이 자신의 한 시간을 내놓는 대신에 받을 대가를 결정할 수는 없습니다. 회사에 다니면 회사가 정한 금액을 받게 되고, 개인이 상품을 제공한다면 시세에 따라 가격을 정할 수밖에 없습니다.

주어진 금액 내에 자신의 노동력을 끼워 맞추는 것에 우리는 익숙합니다. 자신의 시간에 스스로 가격을 매기는 일은 허용되지 않습니다. 모토는 '어쩔 수 없지'입니다. 그 시스템에 익숙해지면 자신의 한 시간이 가진 가치에 대해 생각하는 일은 없습니다. 자신의 가치를 자신이 정하는 것이 아니라 평가받는 것에 익숙한 것입니다.

시간은 생명입니다. 우리는 모두 수명을 가지고 태어납니다. 즉, 유한한 시간을 부여받아 살아갑니다. 그중 한 시간에 가격을 매긴다는 것은 생명 자체에 가격을 매기는 것이라고도 할 수 있습니다. 노동을 통한 교환 시스템을 받아들이는 한 우리의 생명은 외부의 누군가에 의해 계속 평가받게 됩니다.

'나'와 파트너에게는 습격하여 돈을 훔치는 것이 아니라 빵을 훔친다는 데에 의미가 있었습니다. '나'의 말에서도 있듯이 "우리는 습격자였지 강도는 아니었어."(『빵가게 재습격』, 18쪽)인 것입니다. 돈은 교환을 위한 수단이고, 돈 자체로는 배고픔이 채워지지 않습니다. 교환을 거부함으로써 자본주의 사회의 규칙을 거부하려 했던 두 사람은 돈이라는 매개를 통해 식재료를 얻는 것이 아니라 단지 빵을 훔치기를 원했던 것입니다.

음악을 듣는다는 '교환'에 의해 어중간한 습격으로 끝나버린 과거는 하루키 세대의 학생들에게 어중간하게 끝나버린 운동과 겹칩니다. 운동에 참가했던 학생들 대부분은 교실로 돌아가 무사히 졸업하고, 엘리트 후보생으로 평범하게 취직해 일본의 자본주의 시스템 강화에 공헌했습니다. 쇠파이프를 내려놓고 헬멧을 벗는 것과 맞바꾸어 확실한 수입을 약속해주는 노동 시스템의 일원이 되었습니다. 그들의 습격은 교환으로 끝나버린 것입니다.

작품 속의 '나'도 마찬가지로 졸업 후에는 법률사무소에서 일하고 있습니다. 아내는 '나'의 '저주'인 소화 불량을 제거하기 위해 습격을 위한 습격을 실행하게 합니다. 이번에는 교환으로 끝내지 않기 위해서입니다. 그리고 맥도날드에 들어갑니다.

철저한 '교환'의 거부

무장한 상태로(어째서인지 아내는 차에 총을 실어두었고 '나'는 놀랍니다) 가게에 들어서자 두 사람은 점원에게 셔터를 내리고 간판의 불을 끄도록 명령합니다. 그러자 점장은 돈은 주겠지만 가게를 닫을 수는 없다고 간청합니다.

> "돈은 드리겠습니다." 하고 점장이 쉰 목소리로 말했다. "11시에 정산을 마쳤기 때문에 그렇게 많지는 않지만 전부 가져가세요. 보험에 들어 있으니까 상관없습니다."
> "정면 셔터를 내리고 간판의 불을 끄세요." 하고 아내가 말했다.
> "잠깐만요." 하고 점장이 말했다. "그건 곤란합니다. 멋대로 가게를 닫으면 제 책임 문제가 됩니다."
>
> 『빵가게 재습격』, 31쪽

명령을 반복하는 아내에게 점장은 마지못해 따릅니다. 그리고 아내는 주문합니다.

"빅맥 30개, 테이크아웃으로요." 하고 아내가 말했다.
"돈을 더 드릴 테니 어디 다른 가게에서 주문해서 드시면 안 될까요?" 하고 점장이 말했다. "장부 처리가 아주 번거로워지거든요. 그러니까……."

『빵가게 재습격』, 32쪽

흥미로운 것은 점장이 금전적인 손해에 대해서는 주저하지 않고 오히려 기꺼이 내놓으려 한다는 점입니다. 즉, 습격자가 아니라 강도가 되어달라고 부탁하는 것입니다. 그보다 점장이 두려워하는 것은 책임을 추궁당하는 것과 장부가 맞지 않게 되는 일입니다.

금전적 손실이라면 보험이 보장해주기 때문에 손해가 되지 않지만, 무단으로 가게를 닫은 점장의 책임과 장부상의 오차는 보험이 보장해주지 않습니다. 가게 측이 상정하고 있었던 것은 '강도'였지 '습격자'가 아니었다는 것을 알 수 있습니다. 즉, 사람이 원하는 것은 돈이라는 선입견이 맥도날드 측에 있었다는 것이겠지요. 물론 '나'와 아내의 목적은 '습격'이지 '강도'가 아니었으므로 돈은 받지 않습니다. '나'와 아내는 이 기대를 배반하는 것이 목적이었다고도 말할 수 있습니다.

결국 점장과 점원은 빅맥 30개를 준비합니다. 포장을 하면서 아르바이트 여자애가 말합니다.

"왜 이런 일을 해야 되는 건가요?" 하고 여자애가 나를 향해 말했다. "돈을 들고 도망쳐서 그걸로 좋아하는 걸 사 먹으면 되잖아요. 게다가 빅맥을 30개 먹는다고 그게 도대체 무슨 도움이 된다는 거예요?"

『빵가게 재습격』, 34쪽

여자애도 돈을 받지 않는 습격자의 의도가 이해되지 않습니다. 그녀 자신이 돈을 벌기 위해 아르바이트를 하고 있기 때문입니다. 그녀는 빅맥을 먹는 행위의 의미를 묻지만, 두 사람에게 빅맥을 먹는 것 자체에 목적이 있는 것은 아닙니다. 강도가 아니라 습격이 목적입니다.

이렇게 두 사람은 습격을 무사히 성공시킵니다. 즉, 교환을 거부한 물품의 획득을 달성한 것입니다. 빅맥을 30개 강탈한다는 이야기만은 아니지만 이 작품에서 우리는 현대 자본주의 사회에 대해 많은 것을 배울 수 있습니다.

효율이란 '상상력의 대극에 있는 것'

우리가 당연하게 여기는 교환 행위는 다른 시각에서 보면 이상하게 보일지도 모릅니다. 노동과 임금의 교환은, 인생의 시간을 '돈'이라는 가치로 수치화할 수 있는 것으로 바꾸어버립니다. 그로 인해 나날의 행동의 우열이나 우선순위가 결정됩니다. 지향해야 할 인생의 목표도 어느새 모형이 정해집니다.

하지만 그것은 우리 한 사람 한 사람이 진심으로 바라는 것이라고는 단정할 수 없습니다. 그림 그리기를 좋아하는 사람도, 시 쓰는 일을 좋아하는 사람도 그 행위에 시간을 들일 가치가 있는지 없는지는 얻을 수 있는 임금에 의해 판단됩니다.

미하엘 엔데의 『모모』에 등장하는 시간도둑들은 사람들이 시간을 은행에 저축하도록 유도해 이자를 제공함으로써 사람들이 시간을 아끼는 데에 열중하도록 계획적으로 몰아갑니다. 사람들은 돈을 원하기에 점점 더 시간 저축에 몰두하고(즉, 시간도둑에게 시간을 내어줌), 결과적으로 줄어든 시간 안에서 이전과 같은 일을 하려 하기 때문에 두 배로 바빠져 늘 짜증을 내며 생활하게 됩니다.

여기에는 사람이 화폐라는 수입을 앞에 두면 시간의 가치조차 잊어버리는 모습이 그려져 있습니다. 시간은 유한하고 또 생명의 일부라는 사실을 자각하지 못한 채 노동 이외 시간의 중요성을 잊어버립니다. 그것은 인간관계에 영향을 주어 아이들은 어른들에게 사랑받지 못한 채 그저 비싼 장난감만 받고 방치됩니다.

자본주의 사회가 전제로 삼는 교환이라는 행위는 생활 방식의 기준을 만들고 또 그 기준은 인생의 풍요로움이 아니라 시장의 풍요로움을 지향하기 위해 설계되어 있다는 것을 깨달을 수 있도록 하루키 작품은 호소하고 있습니다.

하루키는 효율이란 상상력의 대척점에 있고 자유로운 사고를 허락하지 않으며 작은 모형에 생활 방식의 기준을 가둬버리는 '단순하고 위험한 가치관'이라고 말합니다.

> 어떤 시대에 있든 어떤 세상에 있든 상상력은 중요한 의미를 지닙니다. (중략) 상상력의 대척점에 있는 것 중 하나가 바로 '효율'입니다. (중략) 우리는 이런 '효율'이라는 단순하고 위험한 가치관에 맞설 수 있는, 자유로운 사고와 발상의 축을 개인 안에 세워야 합니다.
>
> 『직업으로서의 소설가』, 235쪽

『빵가게 재습격』은 맥도날드를 습격해 빅맥을 빼앗는다는 우스꽝스러운 이야기입니다. 하지만 자본주의 사회에서 이렇게까지 교환의 거부에 집착하는 부부의 '바보 같은' 행위를 우리가 웃어넘길 수 있을까요? 맥도날드의 직원들을 곤란하게 하는 두 사람에게 두근두근 설레는 독자들도 적지 않겠지요. 그것은 경제적 효율성을 우선시하는 사회의 기준에 맞추는 나날에, 무의식적이라고 해도 저항을 느끼는 부분이 있기 때문이 아닐까요.

우리는 시간을 파는 것으로 생명을 잘라 팔고 있습니다. 그 생명의 희생에 의식적이 되면, 교환을 피할 수 없는 세계에서 더 깊이 사고하고 선택하려는 의식이 자라나겠지요. 사회 시스템에 간단히 대항할 수 없다고 해도 사고는 언제든 속박에서 자유로워질 수 있습니다. 그 자유의 전제가 되는 것은 현실의 중층성을 차분히 관찰하는 의욕과 사고하는 자신에 대한 신뢰입니다.

하루키는 말했습니다:

> 정말 가치 있는 일은 종종 효율이 나쁜 영위를 통해서만 획득할 수 있는 것이다.
>
> 『달리기를 말할 때 내가 하고 싶은 이야기』, 252쪽

'효율이 나쁜 것'이 '가치 없는 것'이라고 판단하는 기준은 스스로가 납득해서 만들어낸 것이 아니라는 사실을 깨닫는 것, 그리고 그것을 '졸업'하는 것 — 이것이 자유를 향해 나아가기 위한 출발점임을 하루키의 작품은 가르쳐줍니다.

| 맺음말 |

스스로 만든 벽과 마주하다

2011년 3월 11일, 저는 호주에서 대지진 뉴스를 접했습니다. 친구의 전화로 알게 된 순간, 후쿠시마현 니시고무라西鄕村에 사는 부모님이 건물 잔해 밑에 깔린 모습을 상상하며 머릿속이 새하얘졌던 일을 기억하고 있습니다.

그 후 부모님의 무사함을 확인할 수 있었지만 안도의 숨을 내쉴 틈도 없이 원자력 발전소 사고 소식이 들려왔습니다. 지진으로 인한 주택 피해와 원전 사고 기사는 매일같이 호주의 신문 1면을 장식했습니다.

후쿠시마는 이제 히로시마와 나가사키에 이어 누구나 아는 지명이 되었습니다. 후쿠시마현 출신인 저는 대학 연구실 내에서 갑자기 유명인사가 되었습니다. 일본은 괜찮은가, 고향의 가족은 무사한가 하는 질문을 매일같이 받으면서도 원전에 대해 아무런 지식도 없던 저는 방사능이 건강에 미치는 영향에 대해서도 판단할 수 없어, '모른다'고 대답할 수밖에 없었습니다.

문학을 전공하고 있던 저는 인문과학부 소속의 일본학과에서 무라카미 하루키에 관한 박사 논문을 집필하고 있었습니다. 동일본 대지진 이후 곧 후쿠시마에 대한 학술적 관심이 높아지며, 인문학 분야에서도 후쿠시마를 연구하는 사람들이 눈에 띄기 시작했습니다. 제가 참가한 국제학회에서는 어디서든 반드시 후쿠시마 관련 논문이 발표되었습니다.

안전성이 확인될 때까지 일본으로 돌아오지 말라는 부모님의 말을 들은 저는, 후쿠시마에서 가족과 친구들(임신 중이던 친구들도 포함)과 불안을 함께 나눌 수 없는 것에 대한 꺼림칙함을, 적어도 후쿠시마에 관한 정보를 모으고 관련 연구 발표를 가능한 한 들으러 감으로써 해소하려 했습니다.

그러나 그곳에서 보고 들은 연구 내용에는 제가 정말 알고 싶었던 것은 포함되어 있지 않았습니다. 제가 정말 알고 싶었던 것은 원전 사고의 상세나 방사선에 관한 객관적 사실이 아니었습니다. 오히려 과학적 근거에 입각한 객관적인 고찰을 들으면 들을수록 가슴을 파내는 듯한 감각을 느꼈습니다.

고향 후쿠시마와의 거리감을 잃고 있던 저는 후쿠시마를 논하는 연구자들을 공평한 시선으로 바라볼 수 없었고, 그들이 연구 대상으로 삼는 후쿠시마, 그리고 후쿠시마에 사는 사람들의 현실적인 모습을 상상하며 억울한 눈물을 흘린 적도 있었습니다.

그들의 이야기에 후쿠시마 사람들의 존엄을 해치는 말이 있었던 것은 아닙니다. 그들은 각자 어떤 형태로든 사명감을 품고 연구를 하고 있었겠지요. 그럼에도 제가 견딜 수 없었던 것은, 후쿠시마에서 바로 그 순간에도 여진과 방사능의 공포를 견디고 있는 사람들의 목소리가 무시당하고 있는 것으로 느껴진 일이었습니다. 여기서 무시되고 있는 바로 그것이야말로 내가 알고 싶었던 것이라는 사실을 그 발표를 접하면서 깨달았던 것입니다.

그때 제 머릿속에 떠오른 것이 하루키의 "얼굴 없는 수많은 피해자 중 한 사람$^{One\ of\ them}$"이라는 말이었습니다. 소중한 사람들이 'One of them'으로 취급되는 일에, 말로 다 할 수 없는 답답함과 허탈함을 느꼈습니다.

동일본 대지진이 일어났을 때 호주에서 연구 생활을 하고 있었다는 경험은 지금 돌아보면 고마운 것이었습니다. 객관적 사실을 중시한 이야기를 듣고 상처 입는 사람이 있다는 것을 체험을 통해 알았기 때문입니다. 또한 문학에 몰입함으로써 자신이 무엇을 하고 싶은가라는 물음에 다시 마주하고, 그 의미를 확인할 수 있었습니다. 박사 학위를 취득한 후 일본의 대학에 취직했지만, 결과적으로 그 직장에서 떠나는 길을 선택한 것도 결국은 여기서의 '확인' 결과에 의한 것이었던 것 같습니다.

무라카미 하루키가 개인의 목소리를 중시하는 것은, 한 사람 한 사람이 가진 이야기의 힘을 믿고 있기 때문입니다. 누구나 가진 고유한 이야기에 차분히 귀를 기울이면 소설 주인공에게 하는 것처럼 공감하거나 다가가고 싶어지며, 응원하고 싶거나 용기를 얻었다고 느낍니다. 또한 자신에 대해서도 스스로가 가진 이야기의 강력함을 깨달을 수 있다면 유일무이한 인생을 살고 있다는 자각이 가능하며 자존심을 기르는 것으로 이어집니다. 스스로의 인생을 사랑스럽다고 느끼게 됩니다. 자기 신뢰가 높아지고 살아갈 용기가 솟아나는 것입니다.

*

자기 내면의 목소리에 귀 기울이고 자신의 인생을 마주함으로써 진정한 자유를 획득하기 위한 걸음을 내디딜 수 있습니다. 자유를 획득할 수 있는지 어떤지는 자기 자신에게 달려 있다는 것입니다. 이 생각은 하루키의 최신작 『도시와 그 불확실한 벽』(2023)에도 드러납니다.

하루키의 장편소설은 대부분 '아버지'라는 권위적인 존재나 거대한 조직이 주인공 앞을 가로막고, 주인공은 그것들과 어떤 형태로든 마주하는 것이 요구됩니다. 그러나 『도시와 그 불확실한 벽』에는, 하루키 작품에서는 드물게 '아버지'라는 존재가 등장하지 않습니다. 완전하고 넘어설 수 없는 물리적인 '벽'이 등장하는데 이는 권위적 존재가 만든 것이 아니라 주인공 '나'가 내면에 만든 '벽'으로 등장합니다.

주인공인 '나'는 어느 순간 평행세계라고도 할 수 있는 다른 세계에 들어갑니다. 그곳은 높은 벽에 둘러싸인 완전히 봉쇄된 거리로서 존재하고, 주민도 그 완전한 폐쇄성을 이해하고 있기 때문에 결코 외부로 나가려 하지 않습니다. 하지만 '나'는 그 세계에서 분리된 자신의 '그림자'와 둘이서 탈출을 시도합니다. 그 세계에서 유일한 탈출구로 보이는 장소로 향하는 도중 벽은 두 사람 앞을 가로막습니다.

벽은 말했다. 너희들은 이 벽을 뚫고 나가는 게 가능하지 않다. 설사 하나의 벽을 뚫고 나간다고 해도, 그 앞에는 또 다른 벽이 기다리고 있다. 무슨 짓을 하든 결국 같다.
"귀를 기울이지 마요." 하고 그림자가 말했다. "두려워하면 안 됩니다. 앞을 향해 달리는 겁니다. 의심을 버리고 자신의 마음을 믿고." (중략)
<u>두려워하면 안 된다.</u> 나는 온 힘을 짜내 의심을 버리고 자신의 마음을 믿었다. 그리고 나와 그림자는 단단한 벽돌로 되어 있을 게 분명

한 두꺼운 벽을 반쯤 헤엄치는 듯한 모습으로 빠져나갔다.

『도시와 그 불확실한 벽』, 174쪽, 강조 원문

그 벽의 강도는 절대적인 것이 아니고, 뚫고 나가려는 자의 신념에 따라 형태를 바꿉니다. 뚫고 나갈 수 있다고 믿으면 벽은 젤리처럼 부드러워지고, 그 결과 두 사람은 넘을 수 없다고 믿도록 주입되었던 벽을 뚫고 나가는 데 성공합니다. 벽의 강도를 확실한 것으로 만들었던 것은 넘을 수 없다고 믿고 있는 사람들의 마음이었다는 것입니다.

벽을 만든 것은 자신이라는 것, 그리고 벽을 넘어설 수 있는지 없는지를 결정하는 것도 자신이라는 것입니다. 넘을 수 없다고 믿으면 벽은 강도를 높이고, 넘을 수 있다고 믿으면 벽의 불확실함을 깨닫게 됩니다. 벽의 강도를 높이고 있는 것은, 자신의 이야기에 대한 무관심입니다. 자신의 이야기가 타인의 그것과 같은 정도로 소중하고 강력한 것임을 믿으려 하지 않고 의심하는 마음이 원래 불확실한 벽을 확고한 강도를 가진 벽으로 만들어버리는 것입니다.

자본주의 사회가 제시하는 가치관, 그리고 넘칠 듯이 솟아나는 불확실한 정보는 사람들이 자신의 내면에 축을 세우고 살아가는 것을 어렵게 만듭니다. 여기에 현대인의 살기 어려움이 있습니다.

하지만 지금까지 살펴본 것처럼 하루키는 작품을 통해 '어떻게 살아갈까'를 스스로 선택하는 의지야말로, 살기 어려움을 극복하는 중요한 수단이라는 것을 계속 전하고 있습니다.

축을 갖기 힘든 시대란, 인생을 가로막는 벽의 건설에 자신이 가담하는 시대이기도 합니다. 시대의 구조를 제대로 이해하고, 진정으로 바라는 인생을 향해 나아간 끝에 —진정으로 바라는 인생을 향해 나아가도 좋다고 '자유'를 자각한 끝에— 우리의 행복은 보이게 되는 게 아닐까요.

※

마지막으로 NHK출판의 구라조노 사토시倉園哲 씨께 진심으로 감사의 말씀을 드립니다. 구라조노 씨의 관대한 협력이 없었다면 이 책을 완성할 수는 없었을 것입니다. 신서新書(문고본과 단행본의 중간 크기)에 처음 도전하는 저에게, 독자에게 다가가는 글쓰기의 중요성을 알려주었습니다. 또한 구라조노 씨와의 인연을 이어주신 하마사키 요스케浜崎洋介씨계도 감사를 드립니다. 하마사키 씨의 글을 만난 덕분에 지금의 제가 존재한다고 해도 과언이 아닙니다.

하마사키 씨의 글에 마음이 흔들리는 자신을 자각했을 때, 앞으로 제가 어떻게 글과 마주할 것인지 그 지침을 발견할 수 있었습니다. 두 분께 깊은 감사 인사를 드립니다. 정말 고맙습니다.

니헤이 지카코

| 인용 문헌 |

이 책에서 인용한 판입니다.
처음 연도는 초판이 간행된 해입니다.

소설

1985년	『세계의 끝과 하드보일드 원더랜드』, 신초문고(전2권)(2010년)
1987년	『노르웨이의 숲』, 고단샤문고(전2권)(2004년)
1988년	『댄스 댄스 댄스』, 고단샤문고(전2권)(2004년)
1994년	『태엽 감는 새 연대기』, 신초문고(전3권)(2010년)
2002년	『해변의 카프카』, 신초문고(전2권)(2005년)
2004년	『애프터 다크』, 고단샤문고(2006년)
2009~2010년	『1Q84』, 신초문고(전6권)(2012년)
2017년	『기사단장 죽이기』, 신초문고(전4권)(2019년)
2023년	『도시와 그 불확실한 벽』, 신초샤

단편집

1986년	『빵가게 재습격』, 분슌문고(2011년)
2000년	『신의 아이들은 모두 춤춘다』, 신초문고(2002년)
2014년	『여자 없는 남자들』, 분슌문고(2016년)

에세이·여행기·대담집

1990년	『먼 북소리』, 고단샤문고(1993년)
1996년	『하루키, 하야오를 만나러 가다』(공저), 신초문고(1999년)
1997년	『언더그라운드』, 고단샤문고(1999년)

1998년	『약속된 장소에서 —언더그라운드 2』, 분슌문고(2001년)
2007년	『달리기를 말할 때 내가 하고 싶은 이야기』, 분슌문고(2010년)
2010년	『꿈을 꾸기 위해 매일 아침 나는 눈을 뜬다 —무라카미 하루키 인터뷰집 1997~2011』, 분슌문고(2012년)
2011년	『무라카미 하루키 잡문집』, 신초문고(2015년)
2015년	『직업으로서의 소설가』, 신초문고(2016년)
2017년	『수리부엉이는 황혼에 날아오른다 —가와카미 미에코가 묻고 무라카미 하루키가 답하다』(공저), 신초문고(2019년)

관련 저서 및 연구서

- 에리히 프롬, 『자유로부터의 도피』(히다카 로쿠로 역), 도쿄소겐샤 (1951년)
- 에리히 프롬, 『사랑의 기술』(스즈키 아키라 역) 기노쿠니야서점 (2020년)
- 국제교류기금 기획, 시바타 모토유키·누마노 미쓰요시·후지이 쇼조·시호다 이누히코 편, 『세계는 무라카미 하루키를 어떻게 읽는가』, 분슌문고(2009년)
- 줄리엣 쇼어, 『과로하는 미국인』(모리오카 고지 외 번역), 마도샤(1993년)
- 로버트 월딩거 & 마크 슐츠, 『세상에서 가장 긴 행복 탐구 보고서 The Good Life』(고지마 오사무 역), 다쓰미 출판(2023년)

무라카미 하루키
이렇게 읽어라

초판 1쇄 발행 2025년 10월 25일

지은이 | 니헤이 지카코
옮긴이 | 송태욱
펴낸이 | 정광성
펴낸곳 | 알파미디어
편집본부장 | 임은경
디자인 | 황하나
홍보, 마케터 | 차재영

출판등록 | 제2018-000063호
주소 | 05387 서울시 강동구 천호옛12길 18, 한빛빌딩 2층 (성내동)
전화 | 02 487 2041
팩스 | 02 488 2040
ISBN | 979-11-7502-011-5 (03800)

*이 책은 저작권법에 따라 보호를 받는 저작물이므로 무단전재와 복제를 금합니다.
*이 책 내용의 전부 또는 일부를 사용하려면 반드시 저작권자의 서면 동의를 받아야 합니다.
*잘못된 책이나 파손된 책은 구입하신 서점에서 교환하여 드립니다.

알파미디어에서는 책에 관한 기획이나 원고 투고를 기다리고 있습니다. 출간을 원하시는 분은 alpha_media@naver.com으로 연락처와 함께 기획안과 원고를 보내주세요.